# Sueños con Significado

Adrian Collins

# Indice

# Introducción a los Sueños

Los sueños han fascinado a la humanidad desde tiempos inmemoriales. A lo largo de la historia, las personas han intentado entender por qué soñamos y qué significan esas imágenes extrañas que aparecen mientras dormimos. Desde las antiguas civilizaciones, los sueños han sido considerados mensajes divinos, predicciones del futuro o incluso conexiones con el mundo espiritual. Los egipcios, por ejemplo, creían que los sueños eran una ventana a la mente de los dioses, y los griegos pensaban que los sueños podían revelar verdades profundas sobre la vida. Pero, ¿qué son realmente los sueños y por qué los tenemos?

Cuando dormimos, nuestro cerebro no se apaga completamente, sino que sigue trabajando, organizando recuerdos, procesando emociones y, en cierto modo, creando pequeñas historias que se presentan en forma de sueños. Estos sueños pueden parecer totalmente absurdos, como volar sobre una ciudad o hablar con animales, pero también pueden reflejar cosas que hemos vivido, como una conversación que tuvimos el día anterior o una situación que nos preocupa. Lo interesante de los sueños es que no siempre tienen sentido lógico; es como si el cerebro se permitiera jugar con la realidad, mezclando elementos conocidos con cosas que parecen sacadas de un mundo fantástico.

Es curioso pensar que todos soñamos, aunque no siempre lo recordemos. Algunos estudios muestran que todos tenemos entre tres y seis sueños por noche, pero muchos de esos sueños se olvidan apenas nos despertamos. Los científicos creen que soñar es una parte natural del proceso de descanso, y que, de alguna manera, ayuda al cerebro a organizar la información que ha recogido durante el día. Aunque no se sabe con certeza por qué soñamos, algunos creen que los sueños tienen un propósito importante: ayudarnos a procesar emociones, resolver problemas o incluso prepararnos para enfrentar situaciones difíciles.

Los sueños, además, pueden ser muy variados. A veces soñamos con personas que conocemos, otras veces con lugares que jamás hemos visto. Algunos sueños pueden ser tan reales que, al despertar, nos cuesta diferenciar si lo que hemos soñado pasó en verdad o no. También existen los sueños lúcidos, esos en los que somos conscientes de que estamos soñando y podemos incluso intentar controlar lo que sucede. Es una experiencia fascinante, ya que en ese momento nos sentimos como los directores de nuestra propia película.

En la vida cotidiana, es común que los sueños se interpreten de diferentes maneras. Muchas personas creen que los sueños son mensajes importantes que intentan decirnos algo sobre nuestra vida. Por ejemplo, si sueñas que estás perdiendo algo, algunos piensan que eso puede significar que tienes miedo de perder algo importante en la vida real, como una relación o una oportunidad. Otros creen que los sueños simplemente son el resultado de lo que pasa por nuestra mente antes de dormir, y que no tienen un significado profundo. Sin embargo, para muchos, los sueños son una herramienta valiosa para entender lo que está ocurriendo en su vida emocional y psicológica.

Con el tiempo, diferentes teorías sobre los sueños han surgido para intentar explicar su propósito. Sigmund Freud, un famoso psicólogo, creía que los sueños eran la vía de acceso al inconsciente, esa parte de nuestra mente que guarda deseos y pensamientos que no siempre estamos dispuestos a reconocer. Para él, los sueños eran como una especie de rompecabezas que, si logramos descifrar, nos podrían revelar cosas muy importantes sobre nosotros mismos. Carl Jung, otro importante psicólogo, pensaba que los sueños estaban llenos de símbolos y arquetipos que conectaban con lo más profundo del ser humano, con ideas universales que todos compartimos. De cualquier forma, los sueños siguen siendo un misterio en muchos aspectos, pero al mismo tiempo nos ofrecen una ventana única para explorar nuestra mente.

A pesar de todo lo que se ha estudiado sobre los sueños, aún queda mucho por descubrir. Cada noche, cuando nos dormimos, entramos en un mundo nuevo, lleno de posibilidades y misterios. Los sueños pueden ser una herramienta poderosa para conocernos mejor y para enfrentar los retos de la vida desde una nueva perspectiva. Tal vez la próxima vez que te despiertes después de un sueño extraño o fascinante, te detengas a pensar en lo que tu mente te está tratando de decir. Quizás ahí, en esos sueños que parecen tan lejanos y a la vez tan cercanos, se encuentre una pequeña pista sobre quién eres y hacia dónde vas.

# La Ciencia del Soñar

El acto de soñar es algo que todos experimentamos, pero ¿alguna vez te has preguntado qué ocurre en nuestro cerebro mientras dormimos? La ciencia del soñar es un campo fascinante que nos ayuda a entender cómo y por qué nuestros sueños toman forma mientras descansamos. Aunque el contenido de los sueños puede parecer un misterio, lo que sucede en nuestro cerebro durante el sueño sigue patrones bastante claros que los científicos han estudiado durante años.

Todo comienza con el ciclo del sueño, que se divide en varias etapas. Cuando nos acostamos y nos relajamos, nuestro cuerpo comienza a pasar por diferentes fases de sueño que se repiten varias veces a lo largo de la noche. Estas fases incluyen el sueño ligero, el sueño profundo y la fase REM, que es cuando la mayoría de los sueños ocurren. REM significa "movimiento ocular rápido", y durante esta fase, nuestros ojos se mueven rápidamente debajo de los párpados, como si estuviéramos viendo algo, aunque en realidad estamos dormidos.

Lo interesante del sueño REM es que el cerebro está muy activo, casi tan activo como cuando estamos despiertos. Durante esta fase, las áreas del cerebro relacionadas con las emociones, los recuerdos y la imaginación están particularmente activas. Es por eso que los sueños pueden ser tan vívidos y emocionales, y a menudo parecen tener conexiones con cosas que nos preocupan o en las que hemos estado pensando durante el día. Al mismo tiempo, otras partes del cerebro, como las que controlan la lógica y el razonamiento, están mucho menos activas. Esto explica por qué los sueños a veces no tienen sentido, porque el cerebro está creando historias sin las reglas de la lógica que normalmente seguimos cuando estamos despiertos.

Una de las grandes preguntas que los científicos se han hecho es por qué soñamos. Aunque no existe una respuesta definitiva, hay varias teorías. Una de las más populares es que soñar ayuda a nuestro cerebro a procesar la información y los recuerdos que acumulamos durante el día. Mientras dormimos, el cerebro organiza y guarda los recuerdos importantes, y algunos expertos creen que los sueños son una especie de "subproducto" de ese proceso. Es como si el cerebro estuviera repasando lo que hemos vivido, y mientras lo hace, crea escenas y situaciones que luego vemos como sueños.

Otra teoría sugiere que los sueños nos ayudan a lidiar con nuestras emociones. A veces, cuando estamos muy estresados o tenemos muchas cosas en mente, nuestros sueños reflejan esos sentimientos. Por ejemplo, es común tener sueños de ansiedad antes de un examen importante o cuando estamos enfrentando un gran desafío en la vida. Algunos estudios incluso han demostrado que soñar puede ayudarnos a enfrentar miedos o problemas emocionales, ya que nos permite experimentar situaciones difíciles en un entorno seguro, dentro de nuestra mente.

Pero no todo en el mundo de los sueños es emoción o recuerdo. También hay evidencia de que soñar juega un papel importante en la creatividad. Durante la fase REM, el cerebro combina ideas de maneras que normalmente no lo haría cuando estamos despiertos. Esto puede llevar a soluciones creativas a problemas o incluso a nuevas ideas que no habríamos considerado de otra manera. De hecho, muchas personas famosas, como inventores y artistas, han dicho que algunas de sus mejores ideas surgieron de un sueño. Es como si el cerebro, mientras soñamos, se permitiera experimentar sin las restricciones de la vida real, dándonos la oportunidad de ver las cosas desde un ángulo completamente nuevo.

Además de la fase REM, otras partes del ciclo del sueño también son importantes. Durante las fases más profundas del sueño, cuando no estamos soñando, nuestro cuerpo y cerebro se restauran y recuperan energía. Este descanso es esencial para nuestra salud física y mental. Sin él, no podríamos funcionar adecuadamente durante el día. El sueño profundo es como una especie de "mantenimiento" para nuestro cuerpo, mientras que el sueño REM, donde ocurren los sueños, podría verse como un espacio donde el cerebro explora, procesa y crea.

Curiosamente, no solo los humanos sueñan. Muchos animales, como los perros y los gatos, también pasan por fases REM y se cree que sueñan. Si alguna vez has visto a un perro mover sus patas mientras duerme, es posible que esté soñando con correr o jugar. Esto sugiere que el proceso de soñar es algo fundamental en muchos seres vivos, no solo en los humanos.

Aunque hemos avanzado mucho en la comprensión de lo que sucede en el cerebro durante el sueño, todavía hay mucho que no sabemos. La ciencia del soñar sigue siendo un campo en constante desarrollo, y cada año se descubren más cosas sobre cómo funciona nuestro cerebro mientras dormimos. Lo que está claro es que los sueños son una parte esencial de nuestra vida, no solo porque nos permiten explorar mundos fantásticos o revivir experiencias, sino porque juegan un papel crucial en cómo procesamos lo que nos sucede y cómo enfrentamos nuestras emociones.

En resumen, soñar es una función fascinante y compleja del cerebro. Aunque no siempre entendamos por qué soñamos lo que soñamos, sabemos que este proceso está relacionado con la manera en que almacenamos recuerdos, manejamos emociones y encontramos nuevas ideas. Cada noche, cuando cerramos los ojos, nuestro cerebro sigue trabajando, conectando ideas, resolviendo problemas y explorando rincones de nuestra mente que quizás no conocemos. Soñar es más que solo una serie de imágenes; es una ventana a lo que sucede dentro de nosotros mismos mientras descansamos.

# Un Vistazo General

Los sueños son una experiencia común que todos compartimos, pero lo que muchos no saben es que hay diferentes tipos de sueños, y cada uno puede tener características únicas. A lo largo de nuestra vida, probablemente hemos experimentado varios tipos de sueños sin darnos cuenta de que hay un patrón detrás de ellos. Algunos sueños nos llenan de alegría, otros nos dejan confundidos y algunos pueden llegar a ser realmente aterradores. En este capítulo, haremos un recorrido por los distintos tipos de sueños, para que puedas entender mejor lo que está sucediendo cuando tu mente se sumerge en el mundo onírico.

Uno de los tipos de sueños más conocidos son los sueños lúcidos. Estos son los sueños en los que, de repente, te das cuenta de que estás soñando. Puede ser una experiencia increíble, porque cuando te das cuenta de que estás en un sueño, muchas veces puedes tomar el control de lo que sucede. Imagina poder volar, visitar lugares fantásticos o incluso cambiar el final de una pesadilla. Los sueños lúcidos son una especie de "superpoder" que algunas personas han aprendido a desarrollar. No todos experimentan este tipo de sueños de manera frecuente, pero existen técnicas que pueden ayudarte a tener más de ellos si te interesa explorarlos.

Otro tipo de sueño que muchas personas experimentan son los sueños recurrentes. Estos son los sueños que se repiten una y otra vez, con pocas variaciones. A veces, puedes soñar con la misma situación, lugar o incluso con las mismas personas. Los sueños recurrentes suelen estar ligados a situaciones emocionales o psicológicas no resueltas. Por ejemplo, si sueñas repetidamente que te enfrentas a una situación de peligro o estrés, es posible que tu mente esté tratando de indicarte que hay algo en tu vida real que necesitas resolver. Aunque estos sueños pueden llegar a ser molestos, también son una oportunidad para prestar atención a lo que tu subconsciente está tratando de decirte.

Las pesadillas son otro tipo de sueño que seguramente todos hemos experimentado en algún momento. Las pesadillas suelen ser aterradoras o inquietantes, y nos dejan con una sensación desagradable cuando nos despertamos. Estas pueden ser provocadas por el estrés, la ansiedad o incluso por algo que hemos visto o experimentado durante el día. Los niños suelen tener más pesadillas que los adultos, pero cualquier persona puede tener una de vez en cuando. Las pesadillas, aunque incómodas, también pueden ser una forma de liberar miedos y emociones reprimidas. Al igual que los sueños recurrentes, a veces nos muestran cosas que necesitamos procesar, pero de una manera más dramática.

Por otro lado, también existen los sueños vívidos, que son aquellos que se sienten extremadamente reales. Durante un sueño vívido, los detalles son tan claros y nítidos que cuando te despiertas, puede ser difícil distinguir si fue un sueño o algo que realmente sucedió. Estos sueños pueden estar llenos de colores, sonidos y sensaciones que parecen muy auténticos. Algunas personas reportan que después de un sueño vívido pueden recordar hasta los más mínimos detalles, como las expresiones faciales de las personas en el sueño o el olor del lugar en el que estaban. Aunque no siempre tienen un significado profundo, los sueños vívidos a menudo se relacionan con momentos en los que estamos más emocionalmente cargados o estresados.

Un tipo de sueño que ha generado mucha curiosidad a lo largo de la historia son los sueños premonitorios. Estos son sueños en los que parece que predices algo que va a suceder en el futuro. Aunque no hay pruebas científicas de que estos sueños realmente puedan predecir el futuro, muchas personas han afirmado tener este tipo de experiencias. Es posible que simplemente recordemos los sueños que coinciden con eventos futuros y olvidemos aquellos que no se cumplen. Sin embargo, los sueños premonitorios siguen siendo un tema de interés, ya que plantean preguntas sobre la conexión entre nuestro subconsciente y lo que ocurre en la vida real.

También están los sueños proféticos o espirituales, que muchas personas interpretan como mensajes de algo más grande o divino. A lo largo de la historia, muchas religiones y culturas han creído que los dioses o seres espirituales podían comunicarse a través de los sueños. Estos sueños, a menudo, tienen un simbolismo muy marcado o un sentimiento de trascendencia que deja una fuerte impresión en la persona que los experimenta. Aunque no todos creen en este tipo de sueños, siguen siendo parte importante de la experiencia humana y han influido en decisiones, creencias y hasta en movimientos culturales enteros.

No podemos olvidar mencionar los sueños de resolución de problemas, esos en los que nuestra mente parece trabajar mientras dormimos para encontrar una solución a algo que nos preocupa. Hay muchas historias de inventores, artistas y científicos que han encontrado soluciones a problemas complejos o han tenido ideas creativas mientras dormían. Durante el sueño, el cerebro sigue trabajando, y a veces, sin la interferencia de nuestros pensamientos conscientes, encuentra respuestas que no habíamos considerado antes. Estos sueños pueden ser realmente útiles, sobre todo si estamos lidiando con un dilema o tomando una decisión importante.

Finalmente, están los sueños de fantasía, aquellos que parecen sacados de un cuento. En este tipo de sueños, podemos volar, visitar mundos mágicos o tener poderes sobrenaturales. Son sueños que nos permiten escapar de la realidad y explorar posibilidades que no existen en nuestra vida cotidiana. Estos sueños, aunque a menudo parecen irrelevantes o simplemente entretenidos, también pueden estar relacionados con nuestros deseos más profundos o con la necesidad de liberarnos de las limitaciones del mundo real.

Cada tipo de sueño ofrece una nueva manera de explorar nuestra mente y nuestras emociones. A través de ellos, podemos entender mejor lo que nos preocupa, lo que deseamos y lo que necesitamos resolver en nuestras vidas. Los sueños, en todas sus formas, son una herramienta valiosa para la autoexploración y el autoconocimiento. Aunque a veces pueden parecer desconcertantes o incluso inquietantes, cada sueño tiene algo que decirnos si estamos dispuestos a escuchar. La próxima vez que cierres los ojos y entres en el mundo de los sueños, quizás puedas empezar a notar qué tipo de sueño estás experimentando y qué podría estar intentando revelarte.

# El Inconsciente en los Sueños

El inconsciente es una parte misteriosa de nuestra mente que, aunque no siempre la notemos, juega un papel muy importante en nuestros pensamientos, emociones y comportamientos. Es como un gran almacén donde se guardan todos esos recuerdos, deseos y miedos que no siempre somos conscientes de tener. Y uno de los momentos en los que el inconsciente se expresa con mayor libertad es mientras soñamos. Cuando dormimos, nuestra mente consciente se apaga y deja espacio para que el inconsciente tome el control, creando los sueños que experimentamos cada noche.

El psicólogo Sigmund Freud fue uno de los primeros en hablar sobre el inconsciente en los sueños. Para él, los sueños eran una ventana directa a esa parte de nuestra mente que normalmente permanece oculta. Freud creía que nuestros sueños eran una especie de mensaje cifrado del inconsciente, lleno de símbolos y significados ocultos. Según su teoría, en los sueños se revelan los deseos que no siempre nos permitimos tener cuando estamos despiertos, especialmente aquellos que reprimimos porque no encajan con lo que consideramos adecuado o correcto. Así, los sueños se convierten en una forma de liberar esas tensiones internas sin las restricciones de la lógica o las normas sociales.

Para entender mejor cómo funciona el inconsciente en los sueños, podemos pensar en ejemplos comunes. Imagina que sueñas que estás caminando por un bosque oscuro y de repente te pierdes. A simple vista, puede parecer solo una situación aleatoria y sin sentido, pero desde la perspectiva del inconsciente, ese bosque puede representar un aspecto de tu vida en el que te sientes perdido o confundido. El hecho de perderte en el sueño puede ser una manifestación de alguna inseguridad o duda que estás experimentando en tu vida diaria, algo que quizás no has querido enfrentar conscientemente. El inconsciente toma esa emoción y la transforma en una imagen o historia que se presenta durante el sueño.

Otro ejemplo podría ser soñar con volar. Muchas personas han tenido ese tipo de sueño en el que de repente pueden elevarse por el aire y sentir una libertad increíble. Este tipo de sueños pueden estar relacionados con el deseo de liberarse de una situación difícil o con la necesidad de superar obstáculos. En este caso, el inconsciente utiliza el vuelo como una metáfora de esa sensación de querer escapar o superar algo que está ocurriendo en la vida real. Así, lo que parece ser un sueño fantástico o divertido puede tener un significado más profundo cuando lo analizamos desde la perspectiva del inconsciente.

El inconsciente también puede revelarse a través de los símbolos que aparecen en los sueños. A menudo, los objetos o personas que vemos en los sueños no son lo que parecen a simple vista. Por ejemplo, soñar con una casa puede simbolizar a la propia persona, donde cada habitación representa diferentes aspectos de nuestra vida o nuestra mente. Si en el sueño una habitación está desordenada, podría ser una señal de que hay algo en tu vida que necesita ser organizado o resuelto. Estos símbolos no siempre son universales; cada persona tiene su propio conjunto de experiencias y asociaciones que influyen en el significado de los sueños. Lo que para una persona puede ser un símbolo de paz, para otra puede representar conflicto o miedo.

Carl Jung, otro importante psicólogo, tenía una visión diferente del inconsciente en los sueños. Para Jung, los sueños no solo eran una forma de expresar deseos reprimidos, como pensaba Freud, sino que también eran una vía para conectarnos con el "inconsciente colectivo". Este término se refiere a la idea de que todos los seres humanos compartimos ciertos símbolos y arquetipos universales en nuestros sueños. Jung creía que, a través de los sueños, accedemos a estas imágenes universales que están profundamente arraigadas en la psique humana. Así, soñar con un héroe, una madre, o un viaje, por ejemplo, podría ser una manifestación de estos arquetipos que forman parte de la experiencia humana común.

El inconsciente también puede ayudarnos a resolver problemas a través de los sueños. A veces, cuando estamos muy concentrados en algo durante el día, podemos bloquear nuestra capacidad de encontrar soluciones. Pero cuando dormimos, el inconsciente sigue trabajando en el problema sin las barreras que ponemos cuando estamos despiertos. Es por eso que muchas personas han dicho que encontraron la respuesta a un dilema o un nuevo enfoque para un proyecto después de soñar con él. El inconsciente es capaz de ver las cosas desde ángulos diferentes, y los sueños nos ofrecen una forma creativa de pensar que no siempre está disponible en nuestra vida diaria.

Además, el inconsciente en los sueños no solo refleja lo que está ocurriendo en el presente, sino que también puede estar vinculado con experiencias pasadas. A veces, los sueños traen de vuelta recuerdos de nuestra infancia o de momentos que hemos olvidado, pero que siguen teniendo un impacto en cómo nos sentimos o cómo actuamos hoy. El inconsciente puede hacer emerger esas memorias para ayudarnos a procesarlas o comprenderlas mejor. En ocasiones, estos recuerdos aparecen de forma disfrazada en los sueños, y es solo cuando los analizamos que podemos entender lo que realmente están tratando de comunicar.

Algo interesante sobre el inconsciente es que no sigue las reglas de la lógica o el tiempo. En los sueños, los eventos pueden suceder en un orden ilógico, personas que no hemos visto en años pueden aparecer de repente, o podemos saltar de un lugar a otro sin ninguna explicación. Esto sucede porque el inconsciente no está limitado por las mismas estructuras que nuestra mente consciente. De esta forma, los sueños nos permiten experimentar una libertad que no siempre tenemos en la vida real, ya que el inconsciente no se preocupa por lo que es posible o imposible.

Al final, el inconsciente en los sueños es una fuente de sabiduría interna que, aunque no siempre comprendamos a primera vista, tiene mucho que decirnos. A través de los sueños, el inconsciente nos habla en un lenguaje simbólico que, si aprendemos a interpretar, puede ofrecernos pistas valiosas sobre nuestras emociones, deseos y temores más profundos. Los sueños nos ofrecen la oportunidad de explorar partes de nosotros mismos que no siempre están a la vista, y al prestar atención a lo que nos están diciendo, podemos aprender mucho sobre quiénes somos realmente.

La próxima vez que tengas un sueño, piensa en qué parte de tu inconsciente podría estar tratando de comunicarse contigo. Tal vez haya algo que tu mente consciente ha ignorado, pero que tu inconsciente quiere que prestes atención. Los sueños son, en muchos sentidos, un puente entre nuestra mente consciente e inconsciente, y a través de ellos podemos descubrir un mundo interno lleno de significado y posibilidades.

# La Interpretación Simbólica

La interpretación simbólica de los sueños es una de las herramientas más poderosas para darle sentido a lo que nuestra mente nos muestra mientras dormimos. A menudo, cuando despertamos después de haber tenido un sueño, nos quedamos pensando en lo que acabamos de experimentar: ¿Por qué soñé con un perro gigante? ¿Por qué me vi caminando en una ciudad desconocida? Estas preguntas surgen porque los sueños no suelen comunicarse de manera directa, sino que utilizan símbolos para transmitir mensajes. Entender estos símbolos nos permite descifrar lo que el sueño realmente está tratando de decirnos.

Cuando hablamos de símbolos en los sueños, nos referimos a imágenes, objetos o situaciones que representan algo más profundo. Por ejemplo, soñar con agua puede tener varios significados dependiendo del contexto. El agua suele estar asociada con las emociones, ya que es fluida y cambiante, como lo son nuestros sentimientos. Si en el sueño el agua está calmada, podría representar paz interior o una etapa de tranquilidad en tu vida. Por otro lado, si el agua es turbulenta o estás a punto de ahogarte, eso podría simbolizar que te sientes abrumado por tus emociones o que hay algo en tu vida que está fuera de control.

Lo interesante de los símbolos en los sueños es que no siempre tienen el mismo significado para todas las personas. Aunque existen interpretaciones generales de ciertos símbolos, como el agua o los animales, cada persona tiene su propia experiencia y sus propios recuerdos que influencian la manera en la que los símbolos se presentan en los sueños. Por ejemplo, para alguien que le tiene miedo a los perros, soñar con un perro podría simbolizar el miedo o la ansiedad. Pero para otra persona que adora a los perros, ese mismo sueño podría representar amistad, lealtad o protección. Por eso, cuando interpretamos los símbolos en los sueños, es importante tener en cuenta nuestras emociones y asociaciones personales.

Además de los objetos y animales, las acciones que ocurren en los sueños también pueden ser simbólicas. Si sueñas que estás corriendo, podrías preguntarte: ¿De qué o de quién estoy corriendo? El acto de correr puede simbolizar que estás tratando de escapar de algo en tu vida, ya sea un problema, una responsabilidad o incluso una emoción que no quieres enfrentar. En cambio, si en el sueño estás corriendo libremente y disfrutando de la sensación, puede representar que te sientes en control y capaz de superar los obstáculos que se te presenten. Aquí es donde el contexto del sueño se vuelve esencial para interpretar correctamente el símbolo.

Otro aspecto fascinante de los sueños es que los lugares que aparecen también pueden tener un significado simbólico. Soñar con una casa, por ejemplo, suele estar relacionado con tu propio ser o tu mente. Las diferentes habitaciones de la casa pueden representar distintos aspectos de tu vida. Si sueñas que estás en el sótano, esto podría simbolizar que hay emociones o pensamientos profundos que has estado guardando y que aún no has procesado. Si te encuentras en la cocina, tal vez el sueño esté relacionado con la nutrición, tanto física como emocional. Cada parte de la casa puede tener un significado simbólico relacionado con tu vida interior.

Incluso las personas que aparecen en los sueños pueden ser símbolos. A veces soñamos con personas que conocemos, pero esas personas pueden no representar literalmente a quienes vemos, sino aspectos de nosotros mismos. Por ejemplo, si sueñas con un amigo cercano que es muy valiente, tal vez el sueño esté tratando de decirte que necesitas conectarte más con esa parte valiente de ti. En otras ocasiones, las personas en los sueños pueden representar cualidades que admiramos o tememos. Así que la próxima vez que sueñes con alguien, piensa no solo en esa persona, sino también en lo que ella representa para ti.

Los sueños también pueden contener símbolos que se refieren a eventos pasados o futuras decisiones que necesitamos tomar. Por ejemplo, si sueñas con un camino bifurcado, este puede simbolizar una elección que debes hacer en tu vida. Quizás estás enfrentando una decisión importante y tu subconsciente está visualizando las diferentes opciones en forma de caminos. En este caso, es importante observar cómo te sientes en el sueño. Si te sientes ansioso al elegir uno de los caminos, tal vez esa opción te esté causando estrés en la vida real. Si, en cambio, sientes alivio al tomar una dirección, puede ser una señal de que esa es la opción que te hará sentir más en paz.

No todos los símbolos en los sueños son fáciles de interpretar. Algunos son más personales y pueden estar relacionados con recuerdos o experiencias específicas. Por ejemplo, una persona que de niño vivió cerca de un río y tiene muchos recuerdos felices de ese lugar puede soñar con un río como un símbolo de nostalgia o alegría. Otra persona, que quizás tuvo una experiencia negativa cerca del agua, puede interpretar un sueño con un río de manera completamente distinta. Por eso, una parte clave de la interpretación simbólica de los sueños es reflexionar sobre tus propias experiencias y emociones para entender qué representa cada símbolo para ti.

Hay que recordar que los sueños no siguen las reglas del mundo real. En un sueño, puedes ver símbolos que parecen contradictorios o imposibles. Por ejemplo, podrías soñar con un objeto que está encendido en fuego, pero que al mismo tiempo está completamente congelado. Este tipo de imágenes surrealistas suelen reflejar conflictos internos o emociones contradictorias que estás experimentando. Aunque a veces estos símbolos pueden ser desconcertantes, son una forma de que tu mente trate de expresar algo complejo de una manera que no siempre puede hacerse de forma directa.

A lo largo de la historia, diferentes culturas han utilizado la interpretación simbólica de los sueños como una herramienta para comprender el mundo y tomar decisiones. En muchas sociedades antiguas, los sueños eran considerados mensajes divinos o premoniciones sobre el futuro. Aunque hoy en día entendemos los sueños desde una perspectiva más psicológica, la idea de que los sueños contienen mensajes importantes sigue siendo válida. Los símbolos en los sueños nos hablan de nuestras emociones, nuestros deseos más profundos y nuestros miedos, y al prestarles atención, podemos aprender mucho sobre nosotros mismos.

La clave para interpretar los símbolos en los sueños es mantener una mente abierta y estar dispuesto a explorar lo que esos símbolos significan para ti personalmente. No siempre es fácil descifrar un sueño de inmediato. A veces, un símbolo puede parecer completamente desconectado de tu vida en el momento, pero con el tiempo, su significado se vuelve más claro. También puede ser útil llevar un diario de sueños para anotar los símbolos que aparecen con frecuencia. Al escribir sobre ellos y reflexionar sobre su posible significado, puedes empezar a notar patrones y descubrir lo que tu subconsciente está tratando de comunicarte.

En resumen, los símbolos en los sueños son como pequeñas piezas de un rompecabezas que, al ensamblarse, revelan un panorama más amplio de tu vida interior. A través de la interpretación simbólica, puedes explorar tus emociones, resolver conflictos internos y entender mejor lo que está sucediendo en tu mente. Cada símbolo es una oportunidad para aprender algo nuevo sobre ti mismo y sobre cómo estás navegando por el mundo. Así que la próxima vez que sueñes, presta atención a los detalles, a los objetos, a las personas y a las acciones, porque todos ellos pueden ser la clave para descubrir un mensaje más profundo que tu mente está tratando de enviarte.

# Conectando con lo Profundo

Conectar con lo profundo es un proceso que, aunque a veces puede parecer complicado, es esencial para entender los mensajes que los sueños nos ofrecen. Cuando hablamos de lo profundo, nos referimos a esas capas más ocultas de nuestra mente y nuestras emociones, esos lugares a los que no siempre accedemos de manera consciente en la vida diaria. Los sueños son una ventana a ese mundo interior, pero para aprovecharlos, necesitamos aprender a escuchar lo que nos dicen y a interpretar lo que realmente significan.

En nuestro día a día, nuestras mentes están ocupadas con muchas cosas: responsabilidades, tareas, preocupaciones y distracciones. Todo esto puede hacer que perdamos contacto con lo que realmente sentimos o pensamos. Sin embargo, cuando dormimos, nuestra mente consciente se relaja, y ahí es cuando el subconsciente, esa parte más profunda de nosotros mismos, empieza a comunicarse. Los sueños son una especie de puente entre nuestro yo consciente y nuestra mente más profunda, un lugar donde se entrelazan nuestras emociones, deseos, miedos y experiencias.

Conectar con lo profundo a través de los sueños implica estar dispuesto a explorar esos mensajes que pueden parecer confusos o incluso incómodos. Muchas veces, nuestros sueños nos muestran aspectos de nuestra vida que preferimos evitar o que no hemos tenido el tiempo de procesar adecuadamente. Tal vez hay un conflicto no resuelto, una emoción reprimida o un deseo que no hemos reconocido. Los sueños nos invitan a prestar atención a esas áreas de nuestra vida que necesitan ser exploradas para que podamos crecer y avanzar.

Un aspecto clave para conectar con lo profundo es la atención a los detalles. A menudo, los sueños pueden parecer caóticos o desordenados, pero cada elemento tiene un significado potencial. Los colores, los objetos, las personas que aparecen y las emociones que sentimos en los sueños son pistas que nos ayudan a desentrañar su significado. Por ejemplo, si sueñas que estás en un lugar que conoces, pero todo está oscuro o fuera de lugar, esto podría simbolizar que te sientes confundido o perdido en algún aspecto de tu vida. Tal vez hay algo que no está funcionando como esperabas y tu subconsciente está tratando de alertarte sobre ello.

Es importante recordar que no siempre entendemos un sueño en el momento en que lo tenemos. A veces, el significado de un sueño puede tardar días o incluso semanas en revelarse por completo. Esto no significa que el sueño no sea valioso. De hecho, es parte del proceso de conexión con lo profundo, donde las piezas del rompecabezas van encajando a medida que te das tiempo para reflexionar sobre lo que viste. Mantener un diario de sueños puede ser una excelente manera de profundizar en este proceso, ya que te permite registrar tus sueños y revisarlos con el tiempo para notar patrones o temas recurrentes.

Otro aspecto de la conexión con lo profundo es la disposición a enfrentar lo desconocido. Los sueños pueden llevarnos a lugares inesperados, mostrarnos situaciones que no comprendemos del todo o que incluso nos asustan. Pero, en lugar de ignorar estos sueños o descartarlos como simples fantasías, podemos verlos como oportunidades para entender mejor nuestras emociones más profundas. Tal vez un sueño con una caída repentina simboliza un miedo al fracaso o una sensación de pérdida de control en tu vida. Al estar dispuesto a explorar esas emociones, abres la puerta a una comprensión más profunda de ti mismo.

Además, los sueños pueden ofrecerte una visión más clara de tus deseos y aspiraciones, incluso aquellos que no has reconocido conscientemente. A veces, soñamos con lo que realmente queremos, pero que por alguna razón no nos permitimos desear en la vida diaria. Puede ser que sueñes con una nueva carrera, una relación o un proyecto que no has considerado seriamente, pero que en lo profundo de tu ser es algo que anhelas. Los sueños te brindan la oportunidad de explorar esos deseos sin las limitaciones que a veces te impones durante el día. En este sentido, conectar con lo profundo a través de los sueños puede ayudarte a descubrir lo que realmente quieres en la vida.

Es importante mencionar que esta conexión con lo profundo no se trata solo de interpretar los sueños desde una perspectiva intelectual. A veces, lo que los sueños nos revelan es algo que sentimos más que algo que entendemos. Las emociones que experimentamos en los sueños son un reflejo directo de lo que sucede en nuestro interior. Si te sientes en paz en un sueño, eso puede ser una señal de que estás alineado con tus verdaderos deseos y emociones. Si, en cambio, te sientes ansioso o inquieto, tal vez haya algo que aún no has procesado o que necesitas abordar en tu vida consciente.

La conexión con lo profundo también puede ayudar a sanar. A través de los sueños, nuestra mente tiene la oportunidad de procesar experiencias dolorosas o difíciles. Muchas personas han experimentado sueños donde reviven situaciones del pasado, y aunque a veces esto puede ser perturbador, también es una oportunidad para liberar esas emociones atrapadas. Soñar con una conversación que nunca tuviste o una situación que nunca pudiste resolver en la vida real puede ser una manera en que tu mente está tratando de encontrar cierre o sanación. Estos sueños pueden ser poderosos, y aunque pueden no ofrecer una solución directa, son una forma de enfrentar lo que has estado evitando.

Conectar con lo profundo a través de los sueños no siempre es un proceso lineal. A veces puedes tener una serie de sueños que parecen no tener relación alguna, y luego, de repente, un sueño te ofrece una claridad increíble sobre un aspecto de tu vida. La paciencia es fundamental en este proceso. No se trata de forzar una interpretación inmediata, sino de permitir que los sueños te guíen hacia una mayor comprensión de ti mismo con el tiempo. Al mantenerte abierto y receptivo a los mensajes de tus sueños, te permites conectar con esas partes de ti que pueden estar ocultas o inexploradas.

Finalmente, es importante recordar que los sueños son solo una de las muchas formas en que podemos conectar con lo profundo de nuestro ser. Los sueños nos ofrecen una vía única para explorar nuestras emociones, deseos y miedos, pero también podemos trabajar en esa conexión a través de la meditación, la reflexión y el autoanálisis consciente. Lo que los sueños tienen de especial es que nos permiten acceder a partes de nuestra mente que a menudo pasamos por alto durante el día. Nos muestran lo que está más allá de la superficie y nos invitan a mirar más allá de lo evidente.

Conectar con lo profundo es un proceso continuo. No se trata de entender un sueño específico o encontrar una respuesta rápida. Es más bien una forma de vida, una manera de acercarte a ti mismo con curiosidad, apertura y respeto. A medida que prestas atención a tus sueños y te permites explorar lo que te están diciendo, puedes descubrir aspectos de ti mismo que te sorprenderán. Esta conexión con lo profundo te ayudará no solo a entender mejor tus sueños, sino también a navegar la vida con más claridad, autenticidad y propósito.

# Sueños y Emociones

Los sueños y las emociones están profundamente conectados. A menudo, cuando soñamos, estamos procesando emociones que quizás no hemos tenido tiempo o espacio para manejar durante el día. Los sueños se convierten en una especie de válvula de escape para nuestras emociones, ya sea alegría, tristeza, miedo, ira o confusión. Lo interesante de este proceso es que muchas veces no somos conscientes de lo que realmente sentimos hasta que lo vemos reflejado en un sueño. Las emociones en los sueños nos hablan de lo que realmente está ocurriendo en nuestro interior, incluso si no hemos tenido la oportunidad de reconocerlo conscientemente.

Pensemos en cómo un sueño puede capturar una emoción de manera tan vívida. A veces, puedes tener un sueño que te hace sentir increíblemente feliz, como si estuvieras flotando en el aire o riendo sin parar. Este tipo de sueños a menudo reflejan un estado de satisfacción o plenitud en alguna parte de tu vida. Quizás te sientes en paz con tus relaciones o has encontrado un equilibrio en tu vida diaria. Lo que tu mente está haciendo en ese sueño es proyectar esa emoción de alegría para que puedas experimentarla de una manera más profunda.

Por otro lado, los sueños también pueden reflejar emociones más difíciles. Si has tenido un día lleno de estrés o has estado lidiando con una situación complicada, es muy posible que esa tensión se manifieste en tus sueños. Tal vez sueñas que estás corriendo sin rumbo, atrapado en una tormenta o tratando de escapar de algo. Estos escenarios son metáforas de lo que estás sintiendo: la sensación de estar abrumado, de no tener el control o de estar tratando de escapar de una situación incómoda. Los sueños te permiten vivir esas emociones sin restricciones, y aunque a veces pueden parecer perturbadores, también son una forma en que tu mente trata de procesar lo que estás experimentando.

Lo fascinante de los sueños es que no siempre son una representación directa de nuestras emociones. A veces, un sueño puede parecer totalmente desconectado de lo que estamos sintiendo en la vida diaria, pero al observar más de cerca, podemos descubrir que está hablando de una emoción oculta o no expresada. Por ejemplo, podrías tener un sueño en el que te encuentras perdido en una ciudad desconocida. A primera vista, esto podría no parecer relacionado con lo que estás viviendo, pero al reflexionar, podrías darte cuenta de que te sientes perdido o desorientado en alguna área de tu vida. Tal vez tienes dudas sobre tu carrera o te sientes inseguro acerca de una relación, y tu sueño está manifestando esa confusión en forma de un escenario de pérdida.

Otra emoción que frecuentemente aparece en los sueños es el miedo. Los sueños de miedo pueden variar desde situaciones de peligro, como ser perseguido por alguien, hasta más sutiles, como el miedo a fallar o hacer el ridículo. Estos sueños a menudo surgen cuando estamos enfrentando situaciones estresantes o cuando nos sentimos inseguros en algún aspecto de nuestra vida. A veces, el miedo en los sueños nos muestra lo que no queremos enfrentar conscientemente, como el temor a fracasar en un proyecto importante o a perder algo valioso. Soñar con estas situaciones es una forma de liberar ese miedo y enfrentarlo, aunque sea en un escenario ficticio.

Las emociones no solo se expresan a través de lo que sucede en los sueños, sino también a través de las sensaciones físicas que experimentamos en ellos. Todos hemos tenido esos sueños donde sentimos una emoción tan fuerte que parece real: la angustia de una despedida, la euforia de un triunfo o el alivio de escapar de una situación peligrosa. Esas sensaciones físicas son una señal de que nuestro cuerpo también está involucrado en el proceso de experimentar y procesar emociones mientras dormimos. Los sueños no son solo imágenes en nuestra mente, sino que son experiencias completas que incluyen nuestros sentimientos más profundos.

Las emociones en los sueños no siempre son lineales. A veces, un solo sueño puede contener una mezcla de emociones que parecen contradictorias. Por ejemplo, podrías soñar con una situación que te hace sentir feliz y, al mismo tiempo, ansioso. Esto ocurre porque nuestras emociones no siempre son simples; muchas veces sentimos más de una cosa a la vez. Los sueños reflejan esa complejidad emocional, permitiéndonos explorar cómo diferentes sentimientos pueden coexistir dentro de nosotros. Tal vez en la vida diaria estás emocionado por una nueva oportunidad, pero también sientes miedo de lo desconocido. En el sueño, esas emociones se combinan y se expresan de manera simultánea, lo que te permite procesarlas de una manera más completa.

Una de las emociones más poderosas que experimentamos en los sueños es la tristeza. Soñar con la pérdida de algo o alguien puede ser una forma en que nuestra mente trata de lidiar con el dolor o el duelo. Incluso si no hemos perdido a alguien en la vida real, podríamos soñar con la pérdida como una metáfora de otras cosas que hemos dejado atrás: una etapa de la vida, una relación, una oportunidad. Estos sueños nos permiten sentir el peso de esa tristeza y, a menudo, ofrecen un espacio para procesar el duelo de una manera que no siempre es posible durante el día.

También están los sueños donde experimentamos enojo o frustración. Tal vez en el sueño estás discutiendo con alguien o no puedes lograr algo que te propones. Estos sueños pueden ser una señal de que hay emociones reprimidas en tu vida diaria. A veces, no expresamos nuestro enojo o frustración de manera consciente porque no queremos confrontar a las personas o situaciones que nos generan esas emociones. Los sueños, sin embargo, no tienen esas limitaciones. En un sueño, puedes expresar todo tu enojo sin las restricciones sociales que tienes en la vida real, y aunque no sea agradable, es una manera saludable de liberar esas tensiones acumuladas.

Otra emoción común en los sueños es la sorpresa o la confusión. Muchas veces soñamos con situaciones que nos parecen completamente absurdas o que no tienen sentido, y esto puede generar una sensación de desconcierto. Estos sueños pueden estar reflejando situaciones en nuestra vida en las que nos sentimos desorientados o sin control. Tal vez estamos enfrentando un cambio inesperado o nos sentimos fuera de lugar en alguna parte de nuestra vida, y el sueño refleja ese sentimiento a través de situaciones caóticas o desconcertantes.

Pero no todos los sueños están llenos de emociones difíciles. También hay sueños que nos brindan consuelo, paz y tranquilidad. Estos sueños suelen aparecer cuando hemos alcanzado un estado de equilibrio emocional o cuando estamos en un proceso de sanación. Tal vez soñamos con paisajes serenos, como una playa tranquila o un campo lleno de flores, y esas imágenes nos brindan una sensación de calma. Estos sueños son una señal de que nuestra mente está en un lugar de descanso y que nuestras emociones están en equilibrio.

Para entender mejor nuestras emociones a través de los sueños, es útil prestar atención a cómo nos sentimos al despertar. A veces, el contenido del sueño puede ser difícil de recordar, pero las emociones que sentimos al despertar suelen ser claras. Si te despiertas sintiéndote ansioso, triste o aliviado, esas emociones pueden ser una señal de lo que tu subconsciente estaba procesando durante el sueño. Esas sensaciones pueden ofrecerte pistas sobre lo que está ocurriendo en tu vida emocional, incluso si no recuerdas todos los detalles del sueño.

En resumen, los sueños son un espejo de nuestras emociones más profundas. A través de ellos, tenemos la oportunidad de procesar lo que sentimos, incluso cuando no somos conscientes de esas emociones en nuestra vida diaria. Prestar atención a cómo nos sentimos en los sueños, y al despertar, nos ofrece una ventana a nuestro mundo interior, ayudándonos a entender mejor nuestras emociones y a encontrar formas de equilibrarlas. Los sueños, en su esencia, son una expresión libre de nuestro ser emocional, y al explorarlos, podemos aprender a conectarnos más profundamente con lo que realmente sentimos.

# Sueños como Reflejo de la Ansiedad

Los sueños como reflejo de la ansiedad son una experiencia muy común. Cuando estamos preocupados, estresados o atravesando momentos difíciles, nuestros sueños suelen reflejar esos sentimientos. En vez de desaparecer cuando nos dormimos, la ansiedad encuentra una manera de mostrarse en el mundo onírico, tomando distintas formas y escenarios que a veces pueden ser confusos o inquietantes. Sin embargo, estos sueños no son simplemente pesadillas o situaciones negativas. De hecho, pueden ser una herramienta valiosa para entender mejor lo que estamos sintiendo y cómo podemos enfrentarlo.

Imagina que durante el día te enfrentas a una situación estresante: un problema en el trabajo, un conflicto personal o la preocupación por el futuro. Aunque intentes distraerte o seguir con tu rutina, la ansiedad se acumula en tu mente. Cuando finalmente te vas a dormir, esa ansiedad no desaparece mágicamente. Al contrario, tu mente sigue procesándola, y lo hace a través de los sueños. A menudo, estos sueños pueden ser una especie de reflejo distorsionado de lo que te preocupa en la vida diaria. En lugar de soñar directamente con la situación que te genera ansiedad, podrías soñar con algo simbólico, como correr sin poder llegar a un destino o perderte en un lugar desconocido.

Uno de los sueños más comunes asociados con la ansiedad es el sueño en el que te encuentras en una situación en la que has perdido el control. Tal vez sueñas que estás conduciendo un coche, pero no puedes frenar, o que estás corriendo, pero no logras avanzar. Estos sueños suelen representar la sensación de impotencia que acompaña a la ansiedad. Cuando estamos ansiosos, a menudo sentimos que no podemos controlar lo que está sucediendo a nuestro alrededor, y eso se refleja en nuestros sueños de formas simbólicas. La mente toma esa sensación de falta de control y la transforma en imágenes que nos resultan familiares, pero inquietantes.

Otro tipo de sueño que es típico cuando estamos ansiosos es el de estar en situaciones de riesgo o peligro. Puede ser que sueñes que alguien te persigue o que estás a punto de caer desde un lugar alto. Estos sueños son una manifestación del miedo que acompaña a la ansiedad. Muchas veces, el miedo a lo desconocido o a lo que puede salir mal en la vida real se convierte en una sensación de peligro inminente en el sueño. Aunque estos sueños pueden ser perturbadores, es importante recordar que no son predicciones de lo que sucederá en la realidad. En su lugar, son una representación de cómo te sientes frente a la incertidumbre.

Es común que en los sueños de ansiedad también se presenten situaciones de examen o de estar frente a un desafío para el cual no estás preparado. Muchas personas sueñan que tienen que dar un examen y que no han estudiado, o que están en una presentación importante sin haberse preparado. Estos sueños reflejan el miedo al fracaso y a no estar a la altura de las expectativas, ya sea de los demás o de ti mismo. Este tipo de sueño suele ser muy común en momentos en los que te sientes inseguro o bajo presión, como antes de una entrevista de trabajo, un examen real o una conversación difícil.

Los sueños que se asocian con la ansiedad también pueden incluir una sensación de pérdida. Tal vez sueñas que pierdes algo valioso, como tus llaves, tu teléfono o incluso a una persona cercana. Estos sueños pueden estar relacionados con el miedo a perder el control de alguna situación importante en tu vida. La mente traduce esa preocupación en la imagen de perder objetos o personas, lo que en el sueño se siente como una gran frustración o angustia. Sin embargo, lo que realmente está reflejando es tu miedo a no poder manejar todo lo que tienes entre manos.

Es importante destacar que no todos los sueños relacionados con la ansiedad son necesariamente negativos o aterradores. A veces, los sueños pueden presentar una versión más abstracta de lo que te está preocupando. Por ejemplo, podrías soñar con un laberinto interminable o con intentar resolver un problema complejo sin encontrar la solución. Estos sueños son más simbólicos, pero igualmente reflejan la sensación de estar atrapado en la ansiedad o de no encontrar una salida clara a las dificultades que enfrentas. En estos casos, el sueño puede ser una especie de metáfora para la confusión o el agotamiento mental que sientes.

Una de las cosas que resulta interesante sobre los sueños y la ansiedad es que, aunque los sueños pueden parecer confusos o incluso aterradores, en realidad pueden ser útiles para ayudarnos a enfrentar nuestros miedos y preocupaciones. A veces, soñar con lo que nos asusta es una forma de procesar esas emociones. Al ver esas preocupaciones reflejadas en un sueño, podemos tomar conciencia de lo que realmente nos está afectando y comenzar a trabajar en cómo enfrentarlo. Los sueños nos ofrecen un espacio seguro donde nuestras emociones pueden expresarse sin las limitaciones del mundo real.

Por ejemplo, si tienes un sueño en el que estás siendo perseguido por algo o alguien, podrías preguntarte: ¿Qué es lo que realmente estoy evitando o temiendo en mi vida? El sueño no está ahí solo para asustarte; está tratando de mostrarte lo que no has querido enfrentar conscientemente. Al interpretar el sueño de esta manera, puedes empezar a descomponer la ansiedad en partes más manejables y pensar en cómo podrías lidiar con esas emociones en tu vida diaria.

A veces, los sueños de ansiedad también nos muestran posibles soluciones o caminos a seguir. En algunos sueños, aunque comiences sintiéndote ansioso o atrapado, podrías encontrar una salida o una forma de resolver la situación. Tal vez en el sueño finalmente logras escapar de lo que te persigue o encuentras lo que habías perdido. Estos sueños pueden ser una señal de que, aunque la ansiedad esté presente, también tienes la capacidad de enfrentarla y encontrar soluciones. En cierto sentido, los sueños nos muestran no solo nuestros miedos, sino también nuestras fortalezas.

Otro aspecto interesante de los sueños relacionados con la ansiedad es cómo se conectan con el cuerpo. Muchas personas reportan sensaciones físicas mientras sueñan, como un corazón acelerado o una sensación de estar paralizados. Esto ocurre porque la ansiedad no solo afecta nuestra mente, sino también nuestro cuerpo. Incluso mientras dormimos, nuestro cuerpo puede reaccionar a las emociones que estamos procesando en el sueño. Es por eso que a veces te despiertas de un sueño de ansiedad sintiendo que acabas de correr una maratón o con la sensación de haber estado atrapado en una situación física real.

Una forma de abordar estos sueños es tomarse el tiempo para reflexionar sobre ellos una vez que te despiertas. En lugar de descartarlos como simples pesadillas, pregúntate qué es lo que te estaban mostrando sobre tu ansiedad. ¿Hay algo en tu vida diaria que no estás enfrentando? ¿Hay alguna preocupación que ha estado rondando en tu mente sin que te des cuenta? A veces, el simple hecho de reconocer que estás ansioso puede ayudarte a aliviar un poco esa presión interna. Los sueños pueden actuar como un espejo de tus emociones, y cuanto más los entiendas, mejor podrás manejar lo que te está afectando.

También es útil recordar que los sueños no son profecías. Un sueño de ansiedad no significa que lo que sueñas sucederá en la vida real. Por ejemplo, si sueñas que pierdes a alguien, no significa que esa persona desaparecerá. En su lugar, es más probable que ese sueño esté hablando de tus propios miedos internos, no de una predicción literal. Entender esto puede ser un gran alivio, ya que te permite ver los sueños por lo que realmente son: expresiones de tus emociones, no advertencias sobre el futuro.

Finalmente, es importante destacar que los sueños de ansiedad son una parte normal de la vida. Todos pasamos por momentos de estrés, y nuestros sueños reflejan eso. Lo valioso es que, al prestarles atención y aprender de ellos, podemos descubrir formas de manejar nuestra ansiedad de manera más efectiva. Los sueños pueden ser incómodos, pero también son una ventana hacia nuestro mundo interior, y al explorarlos, podemos encontrar claves para mejorar nuestra salud emocional y mental.

En conclusión, los sueños como reflejo de la ansiedad son una poderosa herramienta de autoconocimiento. Aunque pueden ser incómodos o inquietantes, nos ofrecen una visión clara de lo que realmente está ocurriendo en nuestra mente y corazón. Al prestar atención a estos sueños y reflexionar sobre ellos, podemos aprender a enfrentar la ansiedad de manera más efectiva, descubriendo no solo nuestros miedos, sino también nuestras fortalezas.

Adrian Collins



# El Papel del Sueño en la Resolución de Problemas

El sueño juega un papel fascinante en la resolución de problemas. Aunque a primera vista no lo parezca, mientras dormimos nuestra mente sigue trabajando de maneras que no siempre comprendemos. Muchas veces nos vamos a la cama preocupados por una situación o un desafío, y al despertar, podemos encontrar una nueva perspectiva o incluso una solución que no habíamos considerado antes. Este fenómeno, en el que los sueños nos ayudan a resolver problemas, es algo que ha intrigado a las personas desde hace siglos.

Durante el día, nuestras mentes están ocupadas con muchas tareas: trabajo, familia, responsabilidades y todo lo que requiere nuestra atención. A veces, cuando nos enfrentamos a un problema, puede parecer imposible encontrar una solución, ya que estamos tan envueltos en el estrés y el ajetreo de la vida diaria que no logramos ver más allá. Sin embargo, cuando dormimos, nuestra mente no tiene esas distracciones. En lugar de estar ocupada con las demandas del día a día, tiene la libertad de explorar soluciones de manera creativa y sin las limitaciones que la realidad impone.

Uno de los aspectos más interesantes del sueño es que permite que el cerebro reorganice la información que ha recibido durante el día. Cuando intentamos resolver un problema mientras estamos despiertos, a menudo estamos limitados por los patrones de pensamiento que usamos habitualmente. Si no encontramos una solución de inmediato, podemos sentirnos frustrados o atascados, y eso solo aumenta el estrés. Sin embargo, al dormir, nuestra mente entra en un estado donde esas barreras se rompen. El cerebro empieza a procesar la información de maneras nuevas, estableciendo conexiones que quizás no habíamos considerado antes.

Este proceso es parte de lo que se conoce como consolidación de la memoria. Mientras dormimos, nuestra mente no solo está archivando los recuerdos y las experiencias del día, sino que también está reorganizando esa información para hacerla más accesible. Esto significa que si hemos estado trabajando en un problema antes de dormir, nuestro cerebro sigue "trabajando" en él mientras dormimos, reorganizando los detalles y buscando nuevas formas de resolverlo. A veces, esta reorganización lleva a lo que se conoce como un "momento de iluminación", donde de repente nos despertamos con una solución que antes no habíamos considerado.

Un ejemplo clásico de cómo los sueños pueden ayudar a resolver problemas proviene de historias de inventores, científicos y artistas que han encontrado soluciones o inspiración mientras dormían. Tal vez uno de los ejemplos más conocidos es el del químico alemán August Kekulé, quien soñó con una serpiente mordiéndose la cola y, al despertar, se dio cuenta de que esa imagen representaba la estructura del benceno, una molécula que había estado estudiando. Este es solo uno de los muchos casos en los que los sueños han jugado un papel crucial en la resolución de problemas complejos.

La razón por la cual los sueños son tan efectivos en la resolución de problemas tiene mucho que ver con la forma en que el cerebro funciona durante el sueño. Durante la fase REM, que es cuando ocurren la mayoría de los sueños vívidos, el cerebro está increíblemente activo. Sin embargo, la parte del cerebro que se encarga de la lógica y el razonamiento crítico, la corteza prefrontal, está menos activa durante el sueño. Esto significa que nuestra mente es más libre para explorar ideas creativas y soluciones innovadoras sin las limitaciones del pensamiento racional que normalmente aplicamos cuando estamos despiertos. En otras palabras, el sueño permite que nuestra creatividad fluya de una manera que es mucho más difícil de lograr cuando estamos conscientes.

Este proceso de resolución de problemas a través de los sueños no siempre es inmediato. A veces, puedes soñar con un problema durante varias noches antes de que encuentres una solución, o tal vez los sueños simplemente te ofrecen una nueva perspectiva que te ayuda a ver el problema desde un ángulo diferente. Sin embargo, lo importante es que los sueños te dan la oportunidad de acceder a una parte más intuitiva y creativa de tu mente, lo que a menudo lleva a soluciones más innovadoras.

Un aspecto interesante del sueño es que no siempre tenemos que soñar directamente con el problema para que el sueño nos ayude a resolverlo. A veces, los sueños pueden parecer completamente irrelevantes para lo que estamos tratando de solucionar, pero al despertar, podemos ver que nos han dado una idea o una clave que nos acerca a la respuesta que buscamos. Es como si el sueño estuviera trabajando en segundo plano, reorganizando la información y haciendo conexiones que no habíamos visto antes. Aunque no siempre es evidente en el momento, estos sueños pueden ser fundamentales para encontrar soluciones a los problemas de la vida diaria.

No solo los problemas intelectuales o laborales pueden beneficiarse del proceso de soñar. También los desafíos emocionales y personales pueden encontrar respuestas mientras dormimos. Cuando enfrentamos una decisión difícil o una situación emocional compleja, a veces es difícil ver claramente qué debemos hacer. La ansiedad y la confusión pueden nublar nuestro juicio. Sin embargo, al dormir, esas emociones se procesan de manera diferente. Tal vez sueñes con una situación simbólica que, al despertar, te da claridad sobre cómo te sientes realmente o qué camino deberías tomar.

Otra forma en que los sueños nos ayudan a resolver problemas es permitiéndonos ensayar diferentes escenarios. A veces, cuando estamos enfrentando una decisión importante, podemos soñar con diferentes resultados posibles. En estos sueños, nuestra mente está explorando las consecuencias de nuestras acciones de una manera segura, sin que tengamos que tomar riesgos en la vida real. Por ejemplo, si estás tratando de decidir entre dos opciones, podrías soñar con las posibles consecuencias de ambas y, al despertar, sentirte más seguro de cuál es la mejor elección.

El proceso de resolución de problemas a través del sueño también puede ser muy útil cuando nos encontramos en situaciones donde necesitamos pensar de manera estratégica o creativa. Por ejemplo, si estás trabajando en un proyecto que requiere nuevas ideas, a veces el sueño puede ofrecerte inspiración inesperada. Puedes despertar con una idea brillante o un enfoque diferente que no habías considerado antes. Esto es particularmente cierto en el campo artístico, donde los sueños a menudo actúan como una fuente de creatividad. Los pintores, escritores, músicos y cineastas a menudo encuentran en sus sueños ideas que luego transforman en obras de arte.

Para aprovechar el poder de los sueños en la resolución de problemas, es útil prestar atención a lo que sueñas y llevar un registro de tus sueños. Tener un diario de sueños es una excelente manera de capturar esas ideas y momentos de inspiración que pueden surgir mientras duermes. A veces, los sueños pueden parecer confusos o sin sentido al principio, pero al escribirlos y reflexionar sobre ellos, puedes descubrir detalles importantes o patrones que te ayuden a resolver lo que estás enfrentando en tu vida diaria.

Otro truco útil es pensar en el problema justo antes de dormir. Si tienes algo en mente que no puedes resolver, simplemente medita sobre ello por unos minutos antes de cerrar los ojos. Esto envía una señal a tu subconsciente de que es algo en lo que estás trabajando, y puede aumentar la probabilidad de que sueñes con una solución o una nueva perspectiva. Este método, conocido como "incubación de sueños", ha sido utilizado por muchas personas a lo largo de la historia para resolver problemas de todo tipo, desde desafíos científicos hasta dilemas emocionales.

En resumen, los sueños no son solo una manera de descansar. También son una herramienta poderosa para la resolución de problemas, tanto grandes como pequeños. Mientras dormimos, nuestra mente sigue trabajando en segundo plano, procesando la información del día y buscando nuevas formas de resolver los desafíos que enfrentamos. Al prestar atención a nuestros sueños y utilizar su capacidad para generar nuevas ideas, podemos descubrir soluciones innovadoras que tal vez no habríamos encontrado mientras estábamos despiertos. Los sueños, en su esencia, son una parte fundamental del proceso de pensamiento humano, una ventana a nuestra creatividad y nuestra capacidad para resolver problemas de manera única.

# ¿Mito o Realidad?

A lo largo de la historia, los sueños han sido el centro de mitos, leyendas y creencias. Desde las antiguas civilizaciones hasta nuestros días, muchas culturas han tratado de descifrar su significado, preguntándose si los sueños son simplemente producto de la mente, sin ninguna relevancia, o si en realidad tienen un valor más profundo que puede guiarnos en nuestra vida diaria. Este dilema de si los sueños son mito o realidad ha sido objeto de fascinación durante siglos, y todavía hoy nos hace preguntarnos: ¿son solo ilusiones sin sentido o tienen un significado real?

Por un lado, está la visión de los sueños como simples creaciones del cerebro, una actividad sin mucho propósito más allá de procesar lo que vivimos durante el día. Esta perspectiva, muy influenciada por la ciencia moderna, sostiene que los sueños son solo el resultado de la actividad cerebral mientras dormimos, un proceso natural que ocurre mientras nuestro cerebro sigue funcionando. Según esta visión, los sueños no son más que una mezcla de recuerdos, emociones y fragmentos de experiencias que se combinan de manera aleatoria, y cualquier intento de interpretarlos sería en vano, ya que no tienen un significado más allá de lo que vemos en ellos.

Sin embargo, esta explicación no es suficiente para muchas personas. A lo largo de la historia, ha habido innumerables ejemplos de sueños que parecen haber predicho eventos futuros o que han tenido un impacto profundo en la vida de quienes los han experimentado. Muchas veces escuchamos historias de personas que sueñan con algo que luego ocurre en la realidad, o que encuentran en sus sueños una respuesta o una señal que los guía en sus decisiones. Estas experiencias han llevado a muchos a creer que los sueños son más que simples imágenes producidas por el cerebro; que en realidad contienen mensajes o pistas que pueden ayudarnos a entender lo que está ocurriendo en nuestras vidas.

Las antiguas civilizaciones, como los egipcios, los griegos y los romanos, creían firmemente que los sueños eran mensajes de los dioses. Para ellos, los sueños tenían un significado sagrado y podían ser una forma de comunicación divina. Los sacerdotes y oráculos interpretaban los sueños para predecir el futuro o para guiar a los líderes en sus decisiones. En estas culturas, soñar no era solo un fenómeno cotidiano, sino una forma de recibir sabiduría y orientación. Creían que, a través de los sueños, los dioses podían advertir a los humanos sobre peligros inminentes o mostrarles el camino correcto a seguir. Estas creencias perduraron durante siglos, y hasta el día de hoy, en muchas culturas, los sueños siguen siendo vistos como algo más que simples imágenes sin sentido.

En contraste, otras culturas y filosofías veían los sueños como una ventana al subconsciente. Sigmund Freud, uno de los padres de la psicología moderna, propuso que los sueños son una expresión de nuestros deseos más profundos, aquellos que a menudo no reconocemos mientras estamos despiertos. Según Freud, los sueños no son mensajes divinos, pero sí tienen un significado oculto que refleja nuestros conflictos internos y deseos reprimidos. Para él, cada imagen y símbolo en un sueño tenía un significado que podía ayudarnos a entender mejor nuestra mente y nuestras emociones. Esta visión del sueño como una manifestación del inconsciente ha sido muy influyente en el campo de la psicología, y muchos aún creen que los sueños pueden ofrecernos pistas sobre lo que realmente sentimos o deseamos, aunque no seamos plenamente conscientes de ello.

En este contexto, surge la pregunta: si los sueños reflejan nuestros pensamientos y emociones más profundos, ¿son entonces una forma de realidad? Si bien los eventos que experimentamos en los sueños no ocurren en el mundo físico, las emociones y sensaciones que sentimos mientras soñamos pueden ser muy reales. A veces, un sueño puede ser tan vívido que al despertar nos queda una fuerte impresión de lo que hemos experimentado. Podemos sentirnos tristes, alegres, asustados o confundidos por lo que hemos soñado, lo que demuestra que, aunque los sueños no sean "reales" en el sentido físico, sí tienen un impacto emocional genuino en nuestras vidas.

Otra creencia común es que los sueños pueden tener un carácter premonitorio, es decir, que pueden anticipar o advertirnos sobre eventos futuros. A lo largo de la historia, hay muchos relatos de personas que afirman haber soñado con un acontecimiento antes de que este ocurriera. Algunos consideran estos sueños como simples coincidencias, pero otros creen que hay algo más en juego, como una conexión misteriosa entre el mundo de los sueños y el futuro. Aunque la ciencia no ha podido demostrar que los sueños puedan predecir el futuro, estas experiencias siguen siendo una fuente de intriga para muchos.

La verdad es que, a pesar de todos los avances científicos, los sueños siguen siendo un misterio en muchos aspectos. La ciencia ha logrado explicar gran parte del proceso del sueño, desde las fases del sueño hasta cómo el cerebro se activa durante la fase REM, pero aún hay mucho que no comprendemos completamente. Los sueños tocan una parte de nuestra experiencia humana que parece estar más allá de la lógica y la razón. Nos conectan con nuestras emociones más profundas, con nuestros miedos, deseos y esperanzas, y a veces incluso con aspectos de nosotros mismos que no reconocemos mientras estamos despiertos.

Entonces, ¿los sueños son mito o realidad? En última instancia, la respuesta a esta pregunta depende de cómo elijamos verlos. Si los consideramos simplemente como una actividad cerebral sin sentido, podríamos pensar que son solo mitos, una ilusión creada por nuestra mente mientras dormimos. Pero si creemos que los sueños nos ofrecen una ventana a nuestro subconsciente, una forma de procesar nuestras emociones o incluso una forma de recibir mensajes importantes sobre nuestra vida, entonces los sueños se convierten en una realidad poderosa, una herramienta que podemos usar para entendernos mejor a nosotros mismos y al mundo que nos rodea.

Los sueños, con su mezcla de misterio, simbolismo y emoción, ocupan un espacio único entre lo real y lo imaginario. Son un puente entre nuestra vida consciente y nuestros pensamientos más profundos, y aunque no podamos tocarlos ni verlos con los ojos abiertos, su influencia en nuestra vida es innegable. A través de los sueños, exploramos territorios desconocidos de nuestra mente, enfrentamos miedos, encontramos respuestas y a veces descubrimos aspectos de nosotros mismos que no habíamos reconocido antes.

Así que, aunque no podamos responder definitivamente si los sueños son mito o realidad, lo que está claro es que tienen un poder inmenso para influir en nuestra vida, ya sea a nivel emocional, psicológico o incluso espiritual. Los sueños son un espacio donde lo imposible se vuelve posible, y donde las barreras de la lógica se rompen para dar paso a una experiencia profundamente humana, una experiencia que, independientemente de si es real o no, tiene el poder de cambiar nuestra forma de ver el mundo y de entendernos a nosotros mismos.

# Sueños Lúcidos

Los sueños lúcidos son uno de los fenómenos más fascinantes del mundo de los sueños. Son esos momentos en los que, mientras soñamos, nos damos cuenta de que estamos soñando. En lugar de ser simples espectadores de lo que ocurre, podemos tomar el control de nuestras acciones y del rumbo que toma el sueño. Es como si estuviéramos dentro de una película, pero esta vez somos los directores, los protagonistas y los guionistas al mismo tiempo.

Imagina que estás soñando que vuelas sobre una ciudad. De repente, algo en tu mente te dice que lo que está ocurriendo no es real, que estás en un sueño. En ese momento, te das cuenta de que puedes controlar lo que está pasando. Puedes volar más alto, cambiar el escenario, o incluso decidir hacer cosas que en la vida real serían imposibles. Este tipo de experiencia es lo que llamamos un sueño lúcido, y la sensación de poder es realmente impresionante.

A diferencia de los sueños normales, en los que simplemente nos dejamos llevar por las situaciones que nos presenta nuestra mente, en un sueño lúcido somos conscientes de que estamos soñando. Esta conciencia nos da una libertad increíble para explorar lo que queramos. Podemos enfrentarnos a nuestros miedos, probar nuevas habilidades o simplemente disfrutar de la experiencia de volar, viajar a mundos imaginarios o hablar con personas que no están presentes en nuestra vida cotidiana.

Pero, ¿cómo es posible que tengamos esta experiencia? ¿Cómo puede alguien darse cuenta de que está soñando mientras sigue dentro de un sueño? La ciencia ha estudiado los sueños lúcidos durante muchos años, y aunque todavía hay mucho que no entendemos, sabemos que ocurren cuando la parte del cerebro encargada de la lógica y la toma de decisiones se activa parcialmente durante el sueño. Esto permite que mantengamos cierto nivel de conciencia mientras seguimos dormidos, lo que nos permite reconocer que lo que está ocurriendo no es real.

Una de las características más interesantes de los sueños lúcidos es que no solo ocurren de manera espontánea. Con algo de práctica, es posible entrenar nuestra mente para tener más sueños lúcidos. Muchas personas que han logrado dominar esta habilidad utilizan técnicas específicas para darse cuenta de que están soñando. Por ejemplo, una técnica común es realizar "pruebas de realidad" durante el día. Estas pruebas consisten en preguntarnos constantemente si estamos soñando o no. Al hacer esto con frecuencia mientras estamos despiertos, poco a poco comenzamos a hacerlo también en nuestros sueños, y esto nos ayuda a reconocer cuando estamos soñando.

Otra técnica para inducir sueños lúcidos es el uso de los llamados "despertares conscientes". Esto implica despertarse a mitad de la noche, permanecer despierto durante unos minutos y luego volver a dormirnos con la intención de tener un sueño lúcido. Al hacerlo, es más probable que entremos en la fase de sueño REM, que es cuando ocurren la mayoría de los sueños lúcidos, con un mayor nivel de conciencia. Estas técnicas pueden requerir algo de práctica, pero muchas personas han logrado tener sueños lúcidos de manera frecuente utilizando estos métodos.

Entonces, ¿por qué querríamos tener sueños lúcidos? Hay muchas razones por las que las personas disfrutan de esta experiencia. Una de las más obvias es la diversión. En un sueño lúcido, podemos hacer cosas que en la vida real serían imposibles, como volar, atravesar paredes o tener superpoderes. Para muchas personas, la sensación de libertad y control que se experimenta en un sueño lúcido es increíblemente emocionante.

Sin embargo, los sueños lúcidos no son solo una fuente de entretenimiento. También pueden ser una herramienta poderosa para el crecimiento personal y la resolución de problemas. Algunas personas utilizan los sueños lúcidos para enfrentar sus miedos y fobias. Por ejemplo, si alguien tiene miedo a las alturas, puede soñar que está en una situación de altura y enfrentarlo en un entorno seguro, sabiendo que es solo un sueño. Al hacerlo repetidamente, es posible que su miedo en la vida real disminuya.

Además, los sueños lúcidos también pueden ser utilizados para explorar cuestiones emocionales o personales. En un sueño lúcido, podemos tener conversaciones con personajes que representan aspectos de nuestra propia mente o emociones. Al hablar con estas "personas" en el sueño, podemos descubrir cosas sobre nosotros mismos que no habíamos reconocido mientras estábamos despiertos. Algunas personas incluso afirman haber encontrado respuestas a preguntas importantes sobre sus vidas o haber resuelto problemas complejos mientras estaban en un sueño lúcido.

Otra ventaja de los sueños lúcidos es que pueden ser una herramienta para mejorar nuestras habilidades. Por ejemplo, los atletas o músicos pueden utilizar los sueños lúcidos para practicar sus habilidades en un entorno mental. Aunque no están realmente realizando las acciones en el mundo físico, la visualización intensa en el sueño lúcido puede ayudar a mejorar el rendimiento en la vida real. Esto se debe a que, en muchos casos, el cerebro no distingue completamente entre una acción real y una acción visualizada con gran detalle. Por lo tanto, practicar en un sueño lúcido puede ser una forma efectiva de perfeccionar nuestras habilidades.

Para muchas personas, los sueños lúcidos son también una oportunidad para explorar su creatividad. Artistas, escritores y creadores de todo tipo han utilizado los sueños lúcidos como una fuente de inspiración. En un sueño lúcido, las reglas de la realidad no se aplican, lo que significa que podemos crear mundos imaginarios, personajes únicos y situaciones inverosímiles. Esta libertad creativa puede llevarnos a nuevas ideas y conceptos que nunca habríamos considerado en nuestra vida despierta.

Sin embargo, no todo el mundo tiene la misma facilidad para experimentar sueños lúcidos. Para algunas personas, los sueños lúcidos son algo que ocurre de manera natural y frecuente, mientras que para otras son más raros y difíciles de alcanzar. Esto no significa que sea imposible tener sueños lúcidos si no los has experimentado antes. Con algo de práctica y paciencia, es posible aumentar la frecuencia de los sueños lúcidos e incluso aprender a tenerlos de manera regular.

A pesar de todas las ventajas de los sueños lúcidos, también es importante recordar que no son completamente controlables. Aunque podemos influir en lo que sucede en un sueño lúcido, no siempre podemos controlar todos los aspectos del sueño. A veces, los sueños pueden tomar giros inesperados o volverse más intensos de lo que nos gustaría. Esto es parte de la naturaleza de los sueños, que aunque podemos influir en ellos, siguen siendo en gran medida producto de nuestra mente inconsciente.

Para aquellos que deseen experimentar sueños lúcidos, es útil mantener un diario de sueños. Escribir nuestros sueños al despertar puede ayudarnos a recordar más detalles y a reconocer patrones en ellos. Cuanto más conscientes seamos de nuestros sueños, más fácil será reconocer cuando estamos soñando y tomar el control del sueño. Además, el simple acto de prestar atención a nuestros sueños puede hacer que nuestra mente se enfoque más en ellos, lo que aumenta la probabilidad de tener un sueño lúcido.

En resumen, los sueños lúcidos son una experiencia extraordinaria que nos permite explorar nuestra mente de una manera única. Nos brindan la oportunidad de tomar el control de nuestros sueños, enfrentar nuestros miedos, practicar habilidades y explorar nuestra creatividad sin las limitaciones del mundo físico. Aunque no siempre son fáciles de alcanzar, con práctica y dedicación, muchas personas pueden experimentar la increíble sensación de saber que están soñando y disfrutar de la libertad que eso ofrece. Los sueños lúcidos, en su esencia, son una ventana a un mundo de posibilidades infinitas, donde lo imposible se vuelve posible y donde nuestra imaginación no tiene límites.

# El Significado de los Colores y Lugares en los Sueños

Los colores y los lugares que aparecen en nuestros sueños a menudo tienen significados más profundos de lo que podríamos imaginar. Aunque a primera vista podrían parecer simples detalles del paisaje onírico, la verdad es que estos elementos pueden estar conectados con nuestras emociones, pensamientos y experiencias. Los colores y los lugares en los sueños no son solo decoraciones; son símbolos que nuestra mente utiliza para comunicarse con nosotros de una manera sutil y, a veces, sorprendente. Entender lo que representan puede darnos pistas importantes sobre lo que está ocurriendo en nuestro mundo interior y sobre los mensajes que nuestro inconsciente está tratando de enviarnos.

Empecemos con los colores. En la vida cotidiana, los colores suelen tener asociaciones claras y significados culturales, y en los sueños no es diferente. Nuestra mente utiliza los colores para expresar emociones y estados de ánimo, por lo que prestar atención a los colores que vemos en los sueños puede ayudarnos a descifrar lo que estamos sintiendo, incluso cuando no somos completamente conscientes de ello.

Por ejemplo, el color rojo en un sueño suele estar asociado con emociones intensas como la pasión, la ira o el peligro. Si sueñas con algo o alguien que está rodeado de rojo, puede ser una señal de que estás experimentando sentimientos fuertes en tu vida diaria. El rojo puede ser una advertencia de que hay algo que necesitas enfrentar o una indicación de que estás lidiando con emociones que han estado ocultas. Por otro lado, el rojo también puede representar la vitalidad y la energía, dependiendo del contexto del sueño.

El color azul, por su parte, tiende a estar relacionado con la calma, la tranquilidad y la paz interior. Soñar con un cielo azul claro o un mar azul profundo puede ser una señal de que estás en un estado mental sereno, o de que necesitas más calma en tu vida. El azul también puede estar vinculado con la introspección, lo que sugiere que el sueño puede estar invitándote a reflexionar sobre tus emociones y pensamientos de manera más profunda. Sin embargo, en algunos contextos, el azul puede representar tristeza o melancolía, especialmente si aparece en tonos oscuros.

El color verde a menudo está asociado con la naturaleza, el crecimiento y la renovación. En los sueños, ver el color verde puede ser una señal de que estás en un proceso de transformación personal o de que necesitas conectarte más con tu entorno natural. El verde también puede simbolizar la salud y el bienestar, lo que puede ser una indicación de que tu cuerpo o mente está buscando equilibrio. Sin embargo, el verde también puede tener connotaciones negativas, como la envidia, especialmente si aparece de manera desproporcionada o en un contexto tenso.

El amarillo es un color que generalmente está relacionado con la alegría, la energía y la creatividad. Soñar con el color amarillo puede ser una señal de que te sientes optimista o de que estás experimentando un momento de claridad mental. El amarillo también puede estar relacionado con el intelecto y la sabiduría, lo que sugiere que estás buscando soluciones a problemas o explorando nuevas ideas. No obstante, en algunos casos, el amarillo puede simbolizar advertencias o situaciones de precaución, ya que también es un color asociado con señales de peligro en la vida real.

El negro y el blanco, aunque parecen opuestos, ambos tienen significados profundos en los sueños. El negro a menudo se asocia con lo desconocido, lo oculto o lo misterioso. Si sueñas con lugares o personas envueltas en oscuridad, puede ser una señal de que hay algo en tu vida que te está causando incertidumbre o que necesitas explorar áreas de tu mente que has estado evitando. Por otro lado, el blanco está vinculado con la pureza, la paz y la simplicidad. Soñar con espacios blancos o con objetos blancos puede ser una señal de que estás buscando claridad o de que necesitas eliminar distracciones y concentrarte en lo esencial.

Los colores en los sueños también pueden cambiar dependiendo de cómo te sientas en el sueño. Por ejemplo, un paisaje que en la vida real sería verde y hermoso podría aparecer en tonos grises y apagados si estás atravesando una etapa de tristeza o estrés. La forma en que percibimos los colores en los sueños está estrechamente ligada a nuestras emociones y estados de ánimo, lo que los convierte en una herramienta poderosa para comprender lo que está ocurriendo en nuestro interior.

Pasando a los lugares, es importante reconocer que los escenarios donde se desarrollan nuestros sueños también tienen significados simbólicos. Al igual que los colores, los lugares que visitamos en los sueños a menudo reflejan aspectos de nuestra vida emocional, psicológica o espiritual. A veces, los lugares en los sueños son representaciones literales de lugares que conocemos, pero otras veces son completamente inventados o distorsionados. Lo importante es que, sea cual sea el lugar, tiene un propósito y un significado en la narrativa de nuestro sueño.

Un hogar, por ejemplo, suele representar nuestra seguridad, nuestra identidad y nuestras emociones más profundas. Soñar con estar en casa, ya sea tu casa actual o una casa de la infancia, puede ser una señal de que estás lidiando con asuntos personales importantes. Si la casa está en buen estado, puede ser un reflejo de que te sientes equilibrado y seguro. Pero si la casa está en mal estado, puede ser una indicación de que hay áreas de tu vida emocional o personal que necesitan atención.

Los sueños que ocurren en una escuela o en un aula a menudo tienen que ver con el aprendizaje y el crecimiento personal. Soñar que estás en una clase puede ser una señal de que sientes que estás aprendiendo una lección importante en tu vida, o de que te enfrentas a desafíos que requieren que adquieras nuevas habilidades o conocimientos. También puede estar relacionado con sentimientos de inseguridad o miedo al fracaso, especialmente si en el sueño te sientes ansioso o perdido en la escuela.

Los paisajes naturales, como montañas, bosques o playas, también tienen significados poderosos en los sueños. Las montañas suelen simbolizar desafíos o metas que intentas alcanzar. Si sueñas con escalar una montaña, puede ser una señal de que estás trabajando para superar obstáculos importantes en tu vida. Por otro lado, los bosques a menudo representan lo desconocido o lo misterioso. Perderse en un bosque puede ser una señal de que te sientes confundido o perdido en tu vida, mientras que caminar tranquilamente por un bosque puede simbolizar un deseo de conexión con tu naturaleza interior.

Las playas, con su mezcla de tierra y agua, son a menudo un símbolo de la transición entre el consciente y el inconsciente. Soñar con estar en la playa puede ser una señal de que estás explorando tus emociones o de que necesitas un tiempo para relajarte y reflexionar. El mar en sí mismo suele representar el inconsciente, por lo que soñar con el océano puede ser una indicación de que estás lidiando con emociones profundas o con aspectos de tu vida que están más allá de tu control consciente.

Las ciudades en los sueños suelen estar relacionadas con la vida social y las interacciones con los demás. Soñar con estar en una ciudad bulliciosa puede ser una señal de que te sientes abrumado por las demandas sociales o por la cantidad de actividades que tienes en tu vida. Por otro lado, una ciudad vacía o desolada puede ser un reflejo de la soledad o el aislamiento que estás experimentando. La manera en que te sientes en la ciudad del sueño puede decir mucho sobre cómo percibes tu vida social o tus relaciones personales.

Incluso los edificios o espacios más abstractos en los sueños, como iglesias, hospitales o centros comerciales, tienen su propio significado simbólico. Las iglesias suelen estar relacionadas con la espiritualidad y la búsqueda de respuestas más profundas, mientras que los hospitales pueden simbolizar la curación, ya sea física o emocional. Los centros comerciales, por su parte, suelen estar relacionados con las decisiones y elecciones que debes tomar en tu vida.

En resumen, los colores y los lugares en nuestros sueños son mucho más que simples detalles. Son herramientas poderosas que nuestra mente utiliza para expresar emociones, pensamientos y situaciones que tal vez no somos capaces de enfrentar conscientemente. Prestando atención a estos elementos y reflexionando sobre su significado, podemos obtener una mayor comprensión de lo que está ocurriendo en nuestro interior y usar esa información para mejorar nuestra vida diaria. Los sueños nos hablan en un lenguaje simbólico, y al descifrarlo, podemos acceder a una fuente rica de conocimiento sobre nosotros mismos.

# Renacimiento y Cambio

El concepto de renacimiento y cambio en los sueños es algo que muchas personas experimentan sin darse cuenta de su verdadero significado. Los sueños relacionados con el renacimiento suelen reflejar procesos internos de transformación, momentos en los que dejamos atrás una parte de nosotros para dar paso a una nueva versión, más fuerte o más sabia. Este tipo de sueños se presentan a menudo en momentos de grandes cambios en la vida, ya sea cuando estamos enfrentando dificultades o cuando nos preparamos para una nueva etapa. Lo que soñamos puede ser una forma en que nuestra mente nos muestra que estamos listos para crecer y evolucionar.

Soñar con renacimiento no siempre significa literalmente volver a nacer, aunque a veces las imágenes en los sueños pueden ser bastante gráficas. Puede manifestarse de diferentes maneras: desde la sensación de que estamos empezando de nuevo en alguna área de nuestra vida, hasta imágenes simbólicas como flores que florecen, mariposas que emergen de su capullo, o incluso desastres que dan paso a algo nuevo y mejor. Estos símbolos reflejan el proceso de transformación personal, un viaje que todos hacemos en algún momento.

Cuando soñamos con el renacimiento, puede ser que nuestro subconsciente nos esté diciendo que estamos listos para soltar el pasado. A veces, estos sueños aparecen después de momentos de duelo, pérdida o cambios importantes en nuestra vida. En esos casos, los sueños nos ayudan a procesar lo que hemos dejado atrás, ya sea una relación, un trabajo o incluso una parte de nosotros mismos que ya no nos sirve. Los sueños de renacimiento son una señal de que estamos avanzando hacia una nueva etapa de nuestra vida, una en la que somos más conscientes de lo que queremos y de lo que necesitamos.

El cambio, por su parte, es otro tema recurrente en los sueños. Muchas veces, los cambios que vemos en los sueños son reflejos de los cambios que estamos viviendo en nuestra vida diaria, aunque no siempre somos conscientes de ellos. Soñar con mudanzas, viajes o transformaciones físicas puede ser una forma en que nuestra mente nos muestra que estamos listos para adaptarnos a nuevas situaciones. El cambio es una constante en la vida, y nuestros sueños nos ayudan a procesarlo, a veces preparándonos para lo que está por venir.

Uno de los aspectos más interesantes de los sueños sobre el cambio es cómo nos sentimos durante el sueño. Algunas personas experimentan estos sueños con una sensación de miedo o ansiedad, lo cual es completamente normal. El cambio puede ser aterrador, incluso cuando sabemos que es necesario o inevitable. Sin embargo, nuestros sueños a menudo nos revelan que detrás de ese miedo hay una oportunidad para el crecimiento y la superación. Si soñamos que estamos atravesando una tormenta o un desierto, por ejemplo, puede ser una señal de que estamos lidiando con desafíos, pero también de que tenemos la fortaleza para superarlos.

Por otro lado, algunos sueños de cambio pueden traer una sensación de emoción y expectativa. Soñar con volar, con explorar nuevos lugares o con descubrir algo desconocido puede ser una señal de que estamos abiertos a nuevas experiencias y listos para abrazar el cambio. Estos sueños nos recuerdan que el cambio no siempre tiene que ser temido; puede ser una aventura que nos lleve a descubrir nuevas partes de nosotros mismos. Incluso cuando las cosas parecen inciertas o fuera de control, nuestros sueños nos recuerdan que el cambio es una oportunidad para reinventarnos y para encontrar nuevas formas de ser felices.

Otro aspecto clave de los sueños sobre renacimiento y cambio es el simbolismo del ciclo de la vida. En muchas culturas y tradiciones, el ciclo de muerte y renacimiento es un tema recurrente, que refleja la creencia de que todo en la vida es cíclico. En los sueños, este ciclo puede manifestarse de muchas maneras. Por ejemplo, soñar con la muerte no siempre es un mal presagio; de hecho, en muchos casos, es un símbolo de transformación. La muerte en los sueños a menudo representa el final de una etapa, una señal de que algo en nuestra vida ha llegado a su fin para dar paso a algo nuevo. En este sentido, la muerte es solo una fase del ciclo natural, y el renacimiento es la siguiente etapa.

Los sueños de cambio también pueden incluir símbolos naturales que representan la renovación y el crecimiento, como el agua. Soñar con ríos, océanos o lluvias a menudo está relacionado con el cambio emocional. El agua es un símbolo de purificación, de limpieza, y de nuevos comienzos. Si soñamos que estamos navegando por un río, puede ser una señal de que estamos fluyendo con los cambios en nuestra vida, mientras que soñar con una inundación puede indicar que sentimos que los cambios nos están superando. Sin embargo, después de la tormenta siempre viene la calma, y estos sueños a menudo terminan con una sensación de alivio o resolución.

Un ejemplo claro de cómo los sueños de renacimiento y cambio pueden impactar nuestra vida cotidiana es cuando soñamos con dejar atrás una casa vieja o un lugar familiar para mudarnos a algo nuevo. Esto puede simbolizar que estamos listos para avanzar, para dejar atrás lo conocido y explorar nuevas oportunidades. A veces, estos sueños pueden provocar cierta nostalgia o resistencia, especialmente si estamos aferrados a lo que conocemos. Sin embargo, también pueden ser una señal de que es hora de cerrar un capítulo y comenzar otro.

Además de los símbolos que mencionamos, los animales también juegan un papel importante en los sueños de renacimiento y cambio. Soñar con animales que se transforman, como una serpiente que muda su piel, puede ser un símbolo de que estamos dejando atrás una versión antigua de nosotros mismos. Los animales en los sueños a menudo representan nuestras propias características o cualidades, y ver a un animal pasar por una transformación puede ser una forma de que nuestro subconsciente nos muestre que también estamos cambiando, adaptándonos y creciendo.

En última instancia, los sueños sobre renacimiento y cambio nos invitan a reflexionar sobre las etapas de nuestra vida, sobre lo que estamos dejando atrás y sobre lo que estamos creando en el presente. Estos sueños nos ofrecen una visión clara de nuestro proceso de evolución personal, mostrándonos que el cambio es algo natural y necesario. Nos recuerdan que, aunque el cambio puede ser incómodo o desafiante, también es una oportunidad para comenzar de nuevo, para crecer y para convertirnos en la mejor versión de nosotros mismos.

Al prestar atención a los detalles de estos sueños, ya sea los símbolos de muerte y renacimiento, los cambios en el entorno o los sentimientos que experimentamos durante el sueño, podemos obtener una mayor comprensión de los cambios que están ocurriendo en nuestra vida diaria. Los sueños nos proporcionan una ventana a nuestro subconsciente, y al interpretar estos sueños de renacimiento y cambio, podemos encontrar la sabiduría y la fortaleza que necesitamos para enfrentar cualquier desafío que la vida nos presente.

# El Mensaje de los Sueños Recurrentes

Los sueños recurrentes son aquellos que se repiten una y otra vez a lo largo de nuestra vida, a veces con pequeñas variaciones, pero con una esencia similar. Estos sueños pueden resultar desconcertantes, ya que parece que nuestro subconsciente está intentando enviarnos un mensaje que no logramos descifrar. La realidad es que los sueños recurrentes suelen estar relacionados con problemas o situaciones no resueltas en nuestra vida diaria, y por ello, siguen apareciendo hasta que finalmente enfrentamos lo que nos quieren mostrar.

Uno de los aspectos más interesantes de los sueños recurrentes es que suelen estar cargados de símbolos poderosos. Muchas personas experimentan sueños donde se sienten atrapadas, perseguidas, o incapaces de realizar una tarea. Estos temas son comunes porque reflejan sentimientos de ansiedad, estrés, o incluso miedo a enfrentarse a ciertos aspectos de la vida. Por ejemplo, alguien que sueña repetidamente con estar perdido en una ciudad desconocida podría estar experimentando inseguridades o falta de control en su vida diaria. La mente, en lugar de resolver estos sentimientos de forma consciente, los presenta en forma de sueños repetitivos para que prestemos atención a lo que estamos evitando.

Otra razón por la que los sueños se repiten es porque están tratando de enseñarnos algo sobre nosotros mismos. Los sueños recurrentes a menudo aparecen cuando estamos en una etapa de estancamiento o conflicto, ya sea emocional, personal o incluso laboral. Imagina que tienes un sueño en el que estás corriendo sin llegar a ningún lugar. Este tipo de sueños puede ser una representación de cómo te sientes en la vida real, atrapado en una rutina o enfrentando obstáculos que parecen insuperables. El sueño sigue apareciendo porque no estás abordando el problema en la vida cotidiana, y tu subconsciente intenta darte pistas sobre lo que está pasando.

Es importante recordar que los sueños recurrentes no tienen una única interpretación universal. Aunque algunos símbolos pueden ser similares entre diferentes personas, el contexto de la vida de cada uno juega un papel crucial en el significado del sueño. Por eso, si tienes un sueño recurrente, es útil reflexionar sobre tu vida actual y preguntarte qué aspectos no estás atendiendo. Tal vez hay una relación que necesita ser sanada, una decisión que te cuesta tomar, o un miedo que debes enfrentar. El hecho de que el mismo sueño siga apareciendo es una señal de que el mensaje aún no ha sido comprendido o que la situación que lo genera no ha sido resuelta.

Los sueños recurrentes también pueden ser una forma en que nuestra mente nos invita a cambiar. A veces, las personas sueñan repetidamente con el mismo lugar o situación hasta que logran hacer algo diferente en el sueño. Por ejemplo, alguien que sueña con estar atrapado en una casa puede, con el tiempo, encontrar una puerta de salida o descubrir una nueva habitación. Este tipo de evolución en los sueños puede simbolizar que estamos haciendo progresos en nuestra vida real, aunque no siempre seamos conscientes de ello. Es como si nuestra mente nos dijera que estamos listos para cambiar o que finalmente hemos encontrado la respuesta a lo que nos inquietaba.

Además, los sueños recurrentes a menudo están conectados con emociones intensas. Las emociones que sentimos durante estos sueños, ya sea miedo, frustración, tristeza o incluso alivio, son una clave importante para entender su significado. Si un sueño recurrente siempre te deja con una sensación de ansiedad, puede ser una señal de que hay algo en tu vida que necesitas enfrentar pero que has estado evitando. Por el contrario, si un sueño recurrente te deja con una sensación de paz o resolución, podría indicar que has comenzado a hacer las paces con algún aspecto de tu vida.

A medida que avanzamos en nuestras vidas, los sueños recurrentes pueden cambiar o incluso desaparecer una vez que hemos resuelto la situación que los causaba. Esto es lo que hace que los sueños sean una herramienta tan valiosa para el autoconocimiento. Si prestamos atención a los temas y patrones que se repiten en nuestros sueños, podemos obtener una visión más clara de lo que necesitamos cambiar o abordar en nuestra vida diaria. Es como si nuestra mente utilizara los sueños recurrentes como una forma de decirnos: "Esto es importante. Presta atención".

Algunas personas encuentran útil escribir sus sueños recurrentes en un diario para poder ver patrones o cambios a lo largo del tiempo. Al hacerlo, es posible que descubras que ciertos temas surgen cuando estás pasando por momentos de estrés o cambio en tu vida. Por ejemplo, si notas que siempre tienes el mismo sueño cuando estás tomando decisiones importantes o enfrentando situaciones difíciles, es probable que ese sueño esté relacionado con cómo manejas la presión o el miedo al fracaso. Este tipo de autoobservación puede ayudarte a ser más consciente de tus emociones y a enfrentarlas de manera más efectiva.

También es interesante notar que los sueños recurrentes no siempre son negativos o angustiantes. Algunas personas tienen sueños recurrentes que les brindan consuelo o les recuerdan momentos felices. Estos sueños pueden ser una forma en que nuestra mente nos conecta con recuerdos positivos o nos ofrece una sensación de estabilidad en tiempos difíciles. Soñar repetidamente con un lugar o persona que nos hace sentir seguros puede ser una señal de que estamos buscando apoyo emocional o que necesitamos reconectar con algo que nos brinda alegría.

Por otro lado, hay quienes interpretan los sueños recurrentes como mensajes del inconsciente sobre nuestras metas y deseos más profundos. En estos casos, los sueños pueden servir como una brújula interna que nos guía hacia lo que realmente queremos en la vida. Si tienes un sueño recurrente en el que estás logrando algo que anhelas, como alcanzar un objetivo importante o viajar a un lugar que siempre has querido visitar, este sueño podría estar indicándote que estás en el camino correcto o que necesitas tomar medidas para hacer realidad ese deseo.

Al final del día, los sueños recurrentes son una ventana a nuestro subconsciente, una forma en que nuestra mente nos muestra lo que está sucediendo bajo la superficie. Al prestar atención a estos sueños, podemos aprender más sobre nuestras preocupaciones, nuestros deseos y nuestros miedos. Y lo más importante, podemos usar esa información para hacer cambios en nuestra vida real, para resolver problemas no atendidos y para avanzar hacia un estado de mayor equilibrio y bienestar.

Escuchar el mensaje de los sueños recurrentes es una forma de conectar con nosotros mismos de manera más profunda. Estos sueños no están ahí para molestarnos o asustarnos, sino para darnos pistas sobre lo que necesitamos enfrentar. Si aprendemos a interpretar su significado y actuamos en consecuencia, podemos liberar las tensiones que los causan y vivir de una manera más plena y consciente. Así, los sueños recurrentes se convierten en una herramienta poderosa para el autodescubrimiento y el crecimiento personal.

Adrian Collins

# El Impacto de los Sueños en la Salud Mental

Los sueños tienen un impacto profundo en nuestra salud mental, aunque muchas veces no somos conscientes de ello. Cada noche, al dormir, nuestra mente se adentra en un mundo de imágenes, emociones y experiencias que no solo afectan cómo nos sentimos al despertar, sino que también pueden influir en nuestro bienestar general. Los sueños no son solo una actividad nocturna aleatoria, sino una parte importante de nuestra vida psicológica. A través de ellos, nuestro cerebro procesa emociones, enfrenta problemas no resueltos y encuentra formas de adaptarse a las situaciones que vivimos.

Uno de los primeros efectos que los sueños pueden tener en nuestra salud mental es la forma en que nos ayudan a procesar el estrés. Cuando estamos atravesando momentos difíciles o estamos lidiando con preocupaciones constantes, los sueños actúan como una especie de "válvula de escape". A través de las imágenes y situaciones que vivimos en nuestros sueños, nuestra mente puede reorganizar y procesar las emociones que hemos acumulado durante el día. Si bien los sueños pueden parecer confusos o desconectados de la realidad, están cargados de significados emocionales que pueden ayudarnos a aliviar la tensión interna. De hecho, soñar nos permite descomprimir las emociones reprimidas, lo que puede ayudarnos a despertar con una sensación de alivio o claridad.

Además, los sueños también juegan un papel importante en la regulación de nuestras emociones. A lo largo del día, experimentamos una variedad de sentimientos, desde la alegría y el amor hasta el miedo y la frustración. Durante el sueño, especialmente en la fase REM, el cerebro se encarga de reorganizar esos sentimientos, filtrando lo que es relevante y ayudándonos a manejar mejor nuestras emociones en la vida diaria. Los estudios han demostrado que las personas que experimentan sueños vívidos y complejos suelen ser más capaces de enfrentar sus emociones de manera saludable, ya que sus sueños les proporcionan un espacio seguro para experimentar y procesar lo que sienten.

Un ejemplo claro de esto es cuando soñamos con situaciones que nos generan ansiedad. Muchas personas han tenido sueños en los que se enfrentan a situaciones que les resultan incómodas o estresantes, como perderse, ser perseguidos o no estar preparados para una tarea importante. Estos sueños pueden parecer angustiosos en el momento, pero en realidad están cumpliendo una función vital. Nos permiten confrontar nuestros miedos en un entorno controlado, donde no hay consecuencias reales. Esto puede ayudarnos a prepararnos emocionalmente para enfrentar situaciones similares en la vida real, fortaleciendo nuestra capacidad para manejar el estrés.

Sin embargo, cuando los sueños se vuelven pesadillas frecuentes, el impacto en nuestra salud mental puede ser negativo. Las pesadillas son una forma en que nuestra mente expresa miedo, ansiedad o traumas no resueltos. Si bien ocasionalmente todos tenemos pesadillas, cuando se vuelven recurrentes, pueden afectar nuestra calidad de sueño y, por lo tanto, nuestro bienestar mental. Las personas que sufren de pesadillas frecuentes a menudo se despiertan sintiéndose agotadas o inquietas, lo que puede llevar a un ciclo de insomnio y ansiedad. Es importante prestar atención a este tipo de sueños y, si es necesario, buscar ayuda para comprender su causa y reducir su frecuencia.

El impacto de los sueños en la salud mental no se detiene ahí. Los sueños también juegan un papel clave en la consolidación de la memoria y el aprendizaje. Durante el sueño, el cerebro revisa la información que hemos adquirido durante el día, ayudándonos a retener conocimientos y habilidades. Pero más allá de eso, el proceso de soñar también nos permite dar sentido a nuestras experiencias, integrar lo que hemos vivido y obtener nuevas perspectivas sobre nuestras vidas. Este aspecto es especialmente importante para nuestra salud mental, ya que nos ayuda a comprender mejor lo que estamos viviendo y a encontrar soluciones a los problemas que enfrentamos.

Algunas personas descubren que, al prestar atención a sus sueños, pueden obtener información valiosa sobre sus estados emocionales. Por ejemplo, si una persona está pasando por una etapa de cambios importantes en su vida, puede tener sueños relacionados con el tema del viaje o la transición. Estos sueños pueden reflejar su sensación interna de incertidumbre o su deseo de avanzar, proporcionándole una ventana a sus sentimientos más profundos. Al analizar los sueños, podemos descubrir patrones que nos ayuden a entender mejor nuestras preocupaciones, deseos y miedos, lo que a su vez puede contribuir a mejorar nuestra salud mental.

Otro aspecto importante a considerar es cómo los sueños pueden actuar como un refugio emocional en momentos de dificultad. Durante periodos de estrés o tristeza, los sueños pueden proporcionar un espacio donde nuestras emociones más complejas tienen la oportunidad de manifestarse. A veces, esto ocurre en forma de sueños donde encontramos consuelo, donde volvemos a ver a seres queridos que hemos perdido o donde logramos superar dificultades que parecen insuperables en la vida real. Estos sueños actúan como una especie de "terapia interna", permitiendo que nuestras mentes encuentren un sentido de paz o resolución, aunque solo sea por unas horas.

Por otro lado, la falta de sueño o la interrupción de las fases del sueño puede tener consecuencias negativas para nuestra salud mental. Cuando no dormimos lo suficiente o cuando no alcanzamos las fases profundas del sueño, como el sueño REM, nuestra mente no tiene la oportunidad de procesar adecuadamente las emociones y experiencias del día. Esto puede llevar a un aumento de la irritabilidad, la ansiedad e incluso la depresión. Dormir bien es esencial para nuestra salud mental, y los sueños juegan un papel crucial en ese proceso. Al cuidar nuestra calidad de sueño, también estamos cuidando nuestra mente.

Es fascinante ver cómo los sueños pueden influir en nuestro estado emocional y psicológico a lo largo del tiempo. Algunas personas, por ejemplo, experimentan un cambio significativo en su bienestar mental después de tener un sueño esclarecedor o profundamente simbólico. Estos sueños pueden ofrecer una nueva perspectiva o una sensación de claridad que antes no teníamos. Al prestar atención a estos momentos oníricos, podemos encontrar formas de mejorar nuestra comprensión de nosotros mismos y de nuestros problemas, lo que en última instancia puede llevarnos a una mayor paz mental.

En resumen, los sueños no son solo un fenómeno curioso que ocurre mientras dormimos; tienen un impacto real y significativo en nuestra salud mental. Nos ayudan a procesar emociones, a enfrentarnos a nuestros miedos y a adaptarnos a los cambios de la vida. También nos proporcionan un espacio para la reflexión y la resolución de problemas, lo que nos permite despertar con una mente más clara y equilibrada. Al aprender a escuchar lo que nuestros sueños nos están diciendo, podemos mejorar nuestra relación con nuestras emociones y nuestra capacidad para manejar los desafíos de la vida cotidiana. Los sueños son, en última instancia, una herramienta poderosa para mantener nuestra salud mental en equilibrio, y prestarles atención puede ser un paso importante hacia el bienestar emocional.

Adrian Collins

# Sueños Colectivo

Los sueños colectivos son un fenómeno fascinante que ha capturado la imaginación de las personas a lo largo de la historia. A diferencia de los sueños individuales, que son personales y específicos de cada persona, los sueños colectivos se refieren a experiencias oníricas compartidas por un grupo de personas, ya sea de manera literal o simbólica. Estos sueños pueden manifestarse de varias formas, como en símbolos y temas comunes entre personas que viven en la misma sociedad, o incluso en sueños compartidos que parecen estar conectados de alguna manera entre los soñadores. Aunque puede parecer un concepto extraño, los sueños colectivos pueden ofrecernos una visión más profunda de cómo nuestra mente no solo está conectada con nuestra propia experiencia, sino también con la experiencia de los demás y la cultura en la que vivimos.

Uno de los aspectos más interesantes de los sueños colectivos es cómo reflejan las preocupaciones, deseos y miedos de una sociedad en su conjunto. A lo largo de la historia, las culturas han experimentado patrones de sueños similares durante tiempos de crisis, cambio o incertidumbre. Por ejemplo, en tiempos de guerra, muchas personas informan tener sueños sobre desastres, destrucción o pérdida. Estos sueños reflejan el estado emocional colectivo de una comunidad que está enfrentando una amenaza o una situación de peligro. No es que las personas estén soñando exactamente lo mismo, pero los temas son sorprendentemente similares, lo que sugiere que los sueños colectivos son una forma de procesar emociones compartidas a nivel social.

Además, los sueños colectivos también pueden estar relacionados con las creencias y los mitos de una cultura. A menudo, las sociedades tienen historias, símbolos o arquetipos que se transmiten de generación en generación y que influyen en los sueños de las personas. Estos símbolos pueden aparecer en los sueños de muchos individuos a lo largo del tiempo, creando una especie de "archivo" compartido de imágenes y temas que resuenan con una cultura en particular. Por ejemplo, en muchas culturas antiguas, las personas soñaban con dioses, espíritus o figuras míticas que representaban fuerzas naturales o morales. Estos sueños no solo eran una expresión de las creencias individuales, sino también una forma en que la sociedad como un todo procesaba su comprensión del mundo.

El concepto de los sueños colectivos también ha sido explorado por psicólogos, como Carl Jung, quien habló del "inconsciente colectivo". Según Jung, el inconsciente colectivo es una parte de nuestra mente que no es individual, sino que está formada por experiencias, recuerdos y símbolos universales compartidos por toda la humanidad. En este sentido, los sueños colectivos serían una manifestación de este inconsciente compartido, una ventana a los temas profundos que conectan a todos los seres humanos. Los símbolos que aparecen en los sueños, como el agua, el fuego, las montañas o los animales, a menudo tienen significados universales que trascienden las fronteras culturales, lo que sugiere que, de alguna manera, todos estamos conectados a través de nuestros sueños.

Aunque los sueños colectivos pueden parecer una idea abstracta, hay ejemplos en la vida cotidiana que muestran cómo funcionan. Por ejemplo, cuando una gran cantidad de personas sueña con un evento importante que ha ocurrido recientemente, como un desastre natural o un evento político significativo, estamos viendo un ejemplo de cómo el inconsciente colectivo se manifiesta en los sueños. Estos sueños reflejan la preocupación compartida y el impacto emocional de lo que está sucediendo en el mundo. De alguna manera, los sueños colectivos actúan como un espejo de la mente colectiva de una sociedad, mostrando lo que está en el corazón y la mente de sus miembros.

Otra manifestación de los sueños colectivos se encuentra en las tradiciones espirituales y religiosas. En muchas culturas, los sueños no solo son vistos como una experiencia individual, sino como una forma de comunicación con fuerzas más grandes, ya sean divinas o espirituales. En estos contextos, los sueños colectivos a menudo se interpretan como mensajes o advertencias que afectan a toda una comunidad. Por ejemplo, en algunas culturas indígenas, si varios miembros de una tribu soñaban con la llegada de un animal en particular, se interpretaba como una señal de que algo importante iba a suceder en la comunidad. Estos sueños eran tomados en serio y utilizados para guiar las decisiones colectivas.

En el mundo moderno, los sueños colectivos también pueden verse en situaciones donde las personas están emocionalmente conectadas, como en grupos familiares o comunidades cercanas. A veces, los miembros de una familia o amigos cercanos informan haber tenido sueños similares o relacionados en un mismo periodo de tiempo. Aunque no es común que dos personas sueñen exactamente lo mismo, a menudo los temas y símbolos en los sueños pueden coincidir, lo que indica una conexión emocional entre los soñadores. Estos sueños compartidos pueden reforzar los lazos entre las personas y crear una sensación de unidad o propósito común.

El fenómeno de los sueños colectivos también puede extenderse a la cultura popular. A través de los medios de comunicación, el cine, la literatura y el arte, las personas se ven expuestas a imágenes y temas que luego pueden aparecer en sus sueños. En este sentido, los sueños colectivos son una reflexión de la cultura en la que vivimos, ya que nuestras mentes toman elementos de lo que vemos y experimentamos en la sociedad y los procesan durante el sueño. Por ejemplo, después de ver una película de terror popular, muchas personas pueden soñar con escenas o emociones similares, lo que demuestra cómo los sueños pueden ser influenciados por lo que compartimos como sociedad.

Aunque no siempre lo notamos, los sueños colectivos tienen un impacto en nuestra vida diaria. Nos recuerdan que, aunque nuestros sueños son personales y únicos, también estamos conectados con los demás en un nivel profundo. Los sueños colectivos nos permiten ver que no estamos solos en nuestras preocupaciones, deseos o miedos; que otros, aunque no compartan nuestras experiencias exactas, pueden estar soñando con temas similares. Esta conexión entre nuestros sueños y los de los demás puede darnos una sensación de pertenencia y comunidad, sabiendo que lo que vivimos en nuestras mentes durante la noche no es tan diferente de lo que otros experimentan.

También es importante recordar que los sueños colectivos no siempre son negativos o angustiosos. A veces, los sueños compartidos pueden ser experiencias de esperanza, inspiración o creatividad. En tiempos de cambio positivo o renovación, las personas pueden soñar con símbolos de renacimiento, crecimiento o nuevas oportunidades. Estos sueños reflejan las emociones colectivas de optimismo y progreso, mostrando que, al igual que compartimos nuestros miedos, también podemos compartir nuestra esperanza y nuestros sueños de un futuro mejor.

En resumen, los sueños colectivos son una muestra poderosa de cómo nuestras mentes están interconectadas a nivel social, cultural y emocional. A través de ellos, procesamos no solo nuestras propias experiencias, sino también las preocupaciones y deseos de las personas que nos rodean. Ya sea que se manifiesten en símbolos culturales, sueños compartidos dentro de grupos cercanos o como una expresión del inconsciente colectivo, los sueños colectivos nos recuerdan que no estamos solos en nuestras experiencias oníricas. Al prestar atención a estos sueños, podemos obtener una mayor comprensión de nuestra sociedad y de nosotros mismos como parte de un todo más grande.

# El Proceso de Registrar y Analizar los Sueños

Registrar y analizar los sueños es una herramienta muy poderosa que nos permite conocer mejor nuestras emociones, pensamientos y deseos más profundos. Aunque a menudo los sueños se olvidan rápidamente al despertar, llevar un registro de ellos puede darnos valiosa información sobre nuestro estado mental y emocional. Este proceso no solo nos ayuda a recordar lo que soñamos, sino también a encontrar patrones y significados ocultos que podrían pasarnos desapercibidos de otra manera. En este capítulo, exploraremos cómo podemos registrar nuestros sueños y qué pasos podemos seguir para analizarlos de manera efectiva.

El primer paso para registrar los sueños es desarrollar el hábito de escribirlos tan pronto como te despiertes. Lo ideal es tener una libreta y un bolígrafo al lado de la cama para que, apenas te despiertes, puedas anotar lo que recuerdas, incluso si solo son fragmentos o imágenes sueltas. Es importante hacerlo lo antes posible, ya que los detalles de los sueños suelen desvanecerse rápidamente a medida que pasa el tiempo. No te preocupes por escribir de manera perfecta o detallada; lo más importante es capturar la esencia del sueño, las emociones que sentiste y cualquier símbolo o evento que te haya llamado la atención.

Si al despertar sientes que no recuerdas mucho del sueño, no te desanimes. A menudo, comenzar a escribir lo poco que recuerdas puede desencadenar más recuerdos. Incluso si solo puedes recordar una emoción o una sensación, anótala. Con el tiempo, al crear el hábito de registrar tus sueños, es probable que te vuelvas más consciente de ellos y comiences a recordar más detalles. Algunas personas descubren que, después de practicar esta técnica durante unas semanas, sus recuerdos oníricos se vuelven más claros y vívidos.

Una vez que hayas registrado tu sueño, el siguiente paso es tomarte un momento para reflexionar sobre lo que escribiste. ¿Qué imágenes, personas o situaciones aparecen en el sueño? ¿Cómo te sentiste durante el sueño? A menudo, los sueños están cargados de emociones intensas, ya sea miedo, alegría, tristeza o confusión. Es útil prestar atención a estas emociones, ya que a menudo son la clave para entender el mensaje detrás del sueño. A veces, las emociones que experimentamos en los sueños reflejan sentimientos que hemos estado reprimiendo o que no hemos abordado en nuestra vida diaria.

A medida que registras más sueños, puedes comenzar a notar patrones. Por ejemplo, podrías darte cuenta de que sueñas frecuentemente con un mismo lugar, una misma persona o una situación particular. Estos patrones son importantes, ya que podrían estar señalando algo que tu mente inconsciente está tratando de comunicarte. Tal vez haya una preocupación recurrente en tu vida que necesita ser resuelta, o quizás estés pasando por un proceso de cambio o transformación que tus sueños reflejan. Identificar estos patrones puede ser el primer paso hacia una mayor comprensión de ti mismo y de lo que está sucediendo en tu vida.

Cuando se trata de analizar los sueños, uno de los métodos más útiles es explorar los símbolos que aparecen en ellos. Los sueños están llenos de símbolos que, aunque puedan parecer extraños o desconectados, tienen significados profundos. Por ejemplo, soñar con agua a menudo se asocia con emociones, mientras que soñar con volar puede estar relacionado con la libertad o el deseo de escapar de una situación. Es importante recordar que los símbolos en los sueños no tienen un significado universal; su interpretación puede variar de una persona a otra según su contexto personal. Por eso, es útil preguntarse: ¿qué significa este símbolo para mí? ¿Qué asociaciones tengo con este lugar, persona o situación en mi vida?

Otro aspecto clave del análisis de los sueños es prestar atención a los detalles aparentemente insignificantes. A veces, lo que parece ser un pequeño detalle en un sueño puede contener un mensaje importante. Por ejemplo, la ropa que llevas en un sueño, los colores que ves o incluso el clima pueden tener un significado simbólico.

Es útil anotar todos estos detalles en tu registro de sueños, ya que podrían proporcionar pistas adicionales sobre el mensaje del sueño. En ocasiones, cuando lees tus sueños días o semanas después de haberlos escrito, puedes notar cosas que en su momento no parecían importantes.

Una vez que hayas identificado los símbolos y patrones de tus sueños, puedes comenzar a buscar conexiones con tu vida diaria. Pregúntate: ¿hay algo en mi vida que esté relacionado con los temas o emociones de este sueño? A veces, los sueños son reflejos directos de lo que estamos experimentando, como estrés en el trabajo o conflictos personales. En otros casos, los sueños pueden ofrecernos una nueva perspectiva sobre situaciones que hemos estado ignorando o que no hemos comprendido completamente. Analizar los sueños nos brinda la oportunidad de ver nuestras vidas desde otro ángulo y de encontrar soluciones o caminos que quizás no habíamos considerado antes.

Además de analizar los símbolos y patrones de los sueños, también es útil prestar atención a los sueños recurrentes. Si tienes un sueño que se repite con frecuencia, es probable que tu mente esté tratando de señalar algo que necesita ser resuelto. Los sueños recurrentes suelen estar relacionados con emociones no procesadas o situaciones no resueltas en nuestra vida. Al registrar y analizar estos sueños de manera regular, puedes empezar a identificar qué aspectos de tu vida podrían estar causando que estos sueños se repitan. Resolver los problemas o emociones que subyacen en estos sueños recurrentes puede llevar a una mayor claridad mental y emocional.

Otro método para analizar los sueños es utilizar la técnica de la asociación libre, que consiste en escribir o pensar en lo primero que te viene a la mente cuando piensas en un símbolo o situación del sueño. Este método puede ayudarte a descubrir significados ocultos o conexiones que inicialmente no habías considerado. Por ejemplo, si soñaste con una casa, puedes preguntarte: ¿qué significa una casa para mí? ¿Cómo me siento con respecto a este lugar? Al permitir que tu mente fluya libremente, puedes encontrar asociaciones que revelen más sobre el significado del sueño.

Es importante recordar que no todos los sueños tienen un significado profundo o simbólico. A veces, los sueños simplemente reflejan cosas que hemos visto o experimentado recientemente, sin un mensaje oculto. Sin embargo, incluso en estos casos, los sueños pueden ofrecer una visión interesante de cómo nuestra mente procesa la información y las emociones. Ya sea que un sueño tenga un significado profundo o no, registrarlo y analizarlo siempre es una oportunidad para aprender más sobre nosotros mismos y nuestra mente.

El proceso de registrar y analizar los sueños no tiene que ser complicado ni abrumador. Lo más importante es desarrollar el hábito de prestar atención a tus sueños y tomarte el tiempo para reflexionar sobre ellos. Con el tiempo, puedes descubrir que tus sueños no solo son una ventana a tu mente inconsciente, sino también una herramienta valiosa para el crecimiento personal y la autocomprensión. Al explorar lo que ocurre en tu mente mientras duermes, puedes acceder a una parte de ti mismo que quizás no conocías, y esto puede llevarte a una mayor claridad y bienestar en tu vida cotidiana.

Finalmente, es importante recordar que el análisis de los sueños es un proceso personal. No hay respuestas correctas o incorrectas, y lo que funciona para una persona puede no funcionar para otra. Lo importante es ser curioso y abierto a lo que tus sueños tienen que decir. Con el tiempo, a medida que te acostumbres a registrar y analizar tus sueños, es probable que empieces a verlos no solo como una experiencia curiosa, sino como una herramienta poderosa para conocerte a ti mismo y mejorar tu bienestar emocional.

# Integrando los Sueños en la Vida Cotidiana

Integrar los sueños en la vida cotidiana puede parecer algo complicado al principio, pero con el tiempo, puede convertirse en una práctica natural y profundamente enriquecedora. Los sueños no solo son experiencias que ocurren mientras dormimos; también pueden influir en cómo entendemos y abordamos nuestra realidad diaria. Cuando aprendemos a prestar atención a nuestros sueños y a extraer su significado, podemos utilizarlos como una herramienta para nuestro bienestar personal y para comprender mejor nuestras emociones y pensamientos.

El primer paso para integrar los sueños en la vida cotidiana es desarrollar el hábito de prestar atención a ellos. Muchas veces, los sueños pasan desapercibidos o se olvidan poco después de despertar. Sin embargo, si hacemos el esfuerzo consciente de recordarlos y reflexionar sobre ellos, comenzaremos a notar su relevancia en nuestra vida diaria. Llevar un diario de sueños, como mencionamos en el capítulo anterior, es una excelente manera de empezar. Anotar tus sueños te permite no solo recordarlos mejor, sino también revisarlos más tarde para buscar patrones, temas recurrentes o mensajes que se puedan aplicar a tu vida diaria.

Una vez que tengas el hábito de registrar tus sueños, el siguiente paso es comenzar a reflexionar sobre cómo los temas y emociones que experimentas en ellos pueden estar relacionados con lo que ocurre en tu vida consciente. Por ejemplo, si has estado soñando con situaciones estresantes o inquietantes, puede ser una señal de que hay algo en tu vida diaria que está generando ansiedad o preocupación. Los sueños pueden actuar como un espejo, reflejando nuestras emociones más profundas, incluso aquellas que tal vez no hemos reconocido conscientemente. Al reflexionar sobre estas emociones y su conexión con nuestra vida diaria, podemos comenzar a abordarlas de manera más consciente y constructiva.

Además de reflexionar sobre los temas y emociones de los sueños, también es útil prestar atención a los símbolos y situaciones que aparecen en ellos. A menudo, los sueños contienen símbolos que pueden parecer desconcertantes o extraños a primera vista, pero que en realidad pueden tener un profundo significado personal. Por ejemplo, si sueñas repetidamente con un lugar en particular, podría ser un reflejo de una parte de tu vida que necesita atención. Del mismo modo, soñar con ciertos objetos, animales o personas podría estar relacionado con aspectos de ti mismo o de tu vida que estás tratando de entender mejor. Al explorar estos símbolos y buscar su significado personal, puedes descubrir nuevas formas de interpretar tus sueños y aplicarlos a tu vida cotidiana.

Otra manera de integrar los sueños en la vida diaria es utilizarlos como una fuente de inspiración. Muchas personas han encontrado que sus sueños les ofrecen ideas creativas o soluciones a problemas que enfrentan en su vida diaria. Los sueños, al no estar limitados por la lógica y las reglas del mundo consciente, pueden abrirnos a nuevas formas de pensar y de ver las cosas. Si te encuentras en una situación difícil o estancada en algún aspecto de tu vida, prestar atención a tus sueños podría brindarte una perspectiva fresca o una idea que no habías considerado. Muchas veces, las soluciones que buscamos en la vigilia pueden surgir de manera inesperada en el mundo de los sueños.

Una de las formas más interesantes de integrar los sueños en la vida cotidiana es a través de la toma de decisiones. Si bien no se trata de depender completamente de los sueños para tomar decisiones importantes, pueden ofrecer una perspectiva adicional que te ayude a tomar decisiones más informadas. Por ejemplo, si sueñas con una situación en la que te sientes atrapado o incómodo, puede ser una señal de que algo en tu vida no está alineado con tus verdaderos deseos o valores. Del mismo modo, si tienes un sueño positivo y energizante relacionado con una decisión que estás considerando, puede ser una señal de que esa elección está en sintonía con lo que realmente deseas. Al utilizar tus sueños como una herramienta complementaria en la toma de decisiones, puedes sentirte más seguro y alineado con tus verdaderas necesidades y deseos.

Además de tomar decisiones, los sueños también pueden servir como una herramienta para el autoconocimiento. A medida que comienzas a prestar más atención a tus sueños y a integrarlos en tu vida cotidiana, es probable que empieces a descubrir aspectos de ti mismo que antes no habías notado. Los sueños a menudo revelan deseos ocultos, miedos, preocupaciones y aspectos de nuestra personalidad que tal vez no reconocemos en la vigilia. Al explorar estos aspectos en los sueños, puedes aprender más sobre quién eres y qué es lo que realmente necesitas para sentirte realizado y en paz. Este autoconocimiento, a su vez, puede influir en cómo te relacionas con los demás, cómo manejas tus emociones y cómo enfrentas los desafíos de la vida.

Otra forma de integrar los sueños en la vida diaria es utilizar lo que aprendes de ellos para mejorar tu bienestar emocional. Los sueños a menudo nos alertan sobre emociones no procesadas o situaciones que hemos estado ignorando. Al prestar atención a estos mensajes, podemos comenzar a abordar esas emociones de manera más consciente y saludable. Por ejemplo, si tienes sueños recurrentes de angustia o miedo, puede ser una señal de que hay algo en tu vida que necesita ser resuelto. Al abordar estas emociones en la vigilia, puedes encontrar alivio y una mayor sensación de bienestar. Del mismo modo, los sueños positivos y reconfortantes pueden servir como recordatorios de las cosas que nos brindan alegría y paz, lo que nos ayuda a cultivar más de esas emociones en nuestra vida diaria.

Finalmente, integrar los sueños en la vida cotidiana también puede implicar compartirlos con los demás. Aunque los sueños son una experiencia muy personal, compartirlos con amigos, familiares o incluso en un grupo de discusión de sueños puede ser una experiencia enriquecedora. Al hablar sobre nuestros sueños, no solo aprendemos más sobre nosotros mismos, sino que también podemos recibir nuevas perspectivas de los demás. A veces, otras personas pueden notar detalles o patrones en nuestros sueños que nosotros no habíamos visto. Además, compartir sueños puede fortalecer nuestras conexiones con los demás, ya que nos permite abrirnos y ser vulnerables en una forma que puede no ser posible en otras áreas de nuestra vida.

En resumen, integrar los sueños en la vida cotidiana es un proceso que nos permite aprovechar el conocimiento y las emociones que emergen en el mundo onírico para mejorar nuestra vida en la vigilia. Al prestar atención a nuestros sueños, reflexionar sobre su significado y aplicarlos a nuestras decisiones y emociones diarias, podemos acceder a una mayor comprensión de nosotros mismos y de nuestro entorno. Los sueños pueden ser una fuente inagotable de sabiduría, creatividad y autoconocimiento, y al integrarlos en nuestra vida cotidiana, podemos vivir de manera más consciente, plena y en sintonía con nuestras verdaderas necesidades y deseos. A medida que practiques esta integración, descubrirás que los sueños no solo son algo que ocurre mientras dormimos, sino que también son una valiosa herramienta para mejorar nuestra vida despierta.

www.ingramcontent.com/pod-product-compliance
Lightning Source LLC
Chambersburg PA
CBHW022008120726
47992CB00001B/467